これまでの中華のイメージ

こってりしてる　味が濃い　調味料が多い

油っぽい　胃がもたれる

「あたらしい家中華」は
すべて逆

あっさりしてる　味がやさしい　調味料が少ない

毎日でも
たっぷり食べられる

中国の家庭で食べ継がれてきた
本当の家中華の世界へ

ズゾゾッ
おっと！食べながらで失礼します
この本を手に取ってくださりありがとうございます！
中華料理愛好家
酒徒《しゅと》
今日は僕の自己紹介を少しだけさせてください
開洋葱油拌麺
(干し海老と葱油の和え麺)
レシピは64ページ参照
稲妻の水餃子
思えば小さな頃から何かと中国に心惹《ひ》かれていた僕は
当時10歳
いつか…中国で豚の丸焼きを食べてみたいなぁ…
大学1年生の夏サークル仲間と共に初めて中国旅行へ
紫禁城
万里の長城
おぉ…
夢にまで見た歴史遺産の数々
息を呑《の》む景色に胸が熱くなった
そしてこの後僕の人生を変えるある出来事が起きる——
水餃子デス！

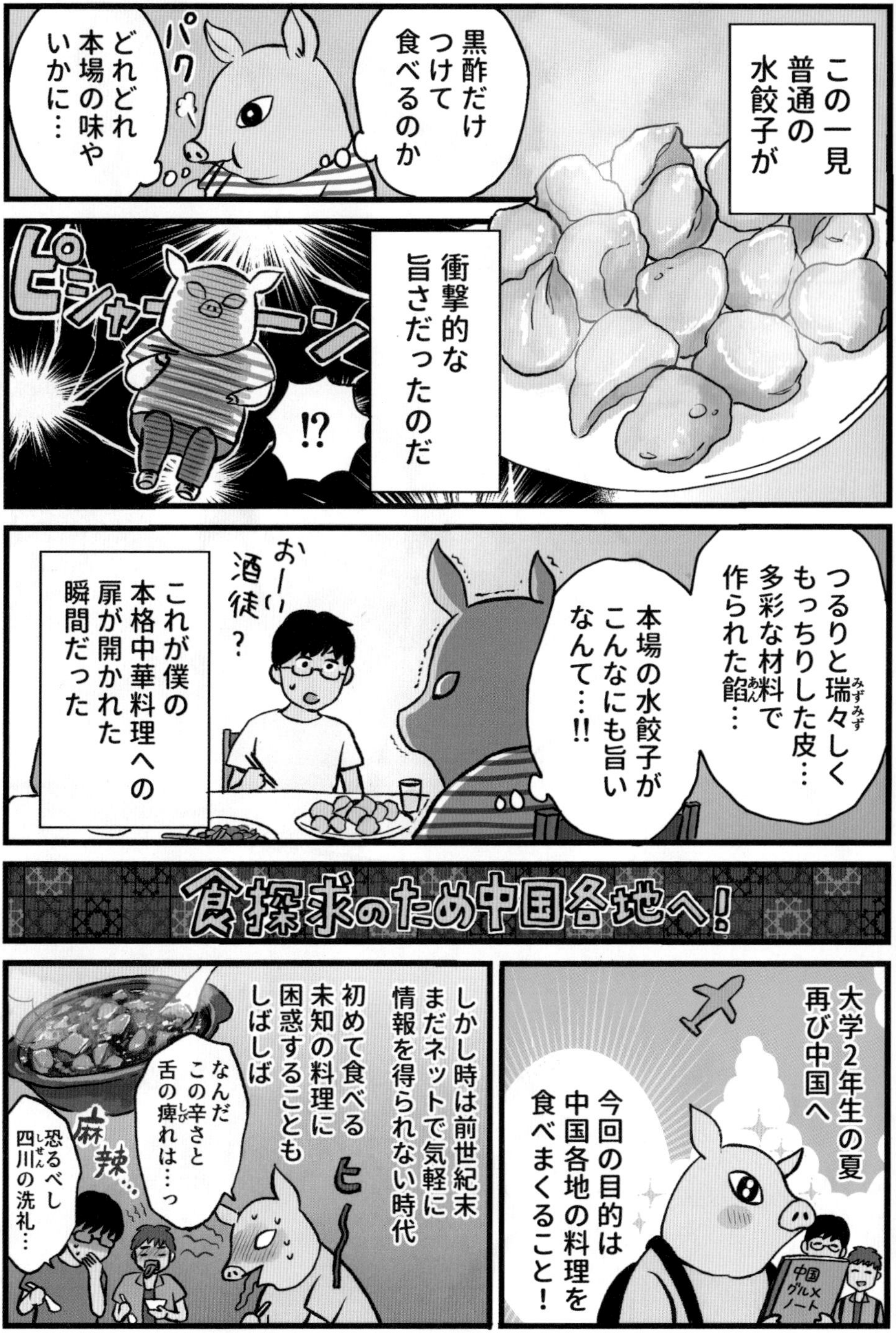
この一見
普通の
水餃子が
黒酢だけ
つけて
食べるのか
パク
どれどれ
本場の味や
いかに…
衝撃的な
旨さだったのだ
ピシャーーーン
!?
つるりと瑞々《みずみず》しく
もっちりした皮…
多彩な材料で
作られた餡《あん》…
本場の水餃子が
こんなにも旨い
なんて…!!
おーい
酒徒?
これが僕の
本格中華料理への
扉が開かれた
瞬間だった
食探求のため中国各地へ!
大学2年生の夏
再び中国へ
今回の目的は
中国各地の料理を
食べまくること!
中国グルメノート
しかし時は前世紀末
まだネットで気軽に
情報を得られない時代
初めて食べる
未知の料理に
困惑することも
しばしば
ヒー
なんだ
この辛さと
舌の痺《しび》れは…っ
麻辣…
恐るべし
四川《しせん》の洗礼…

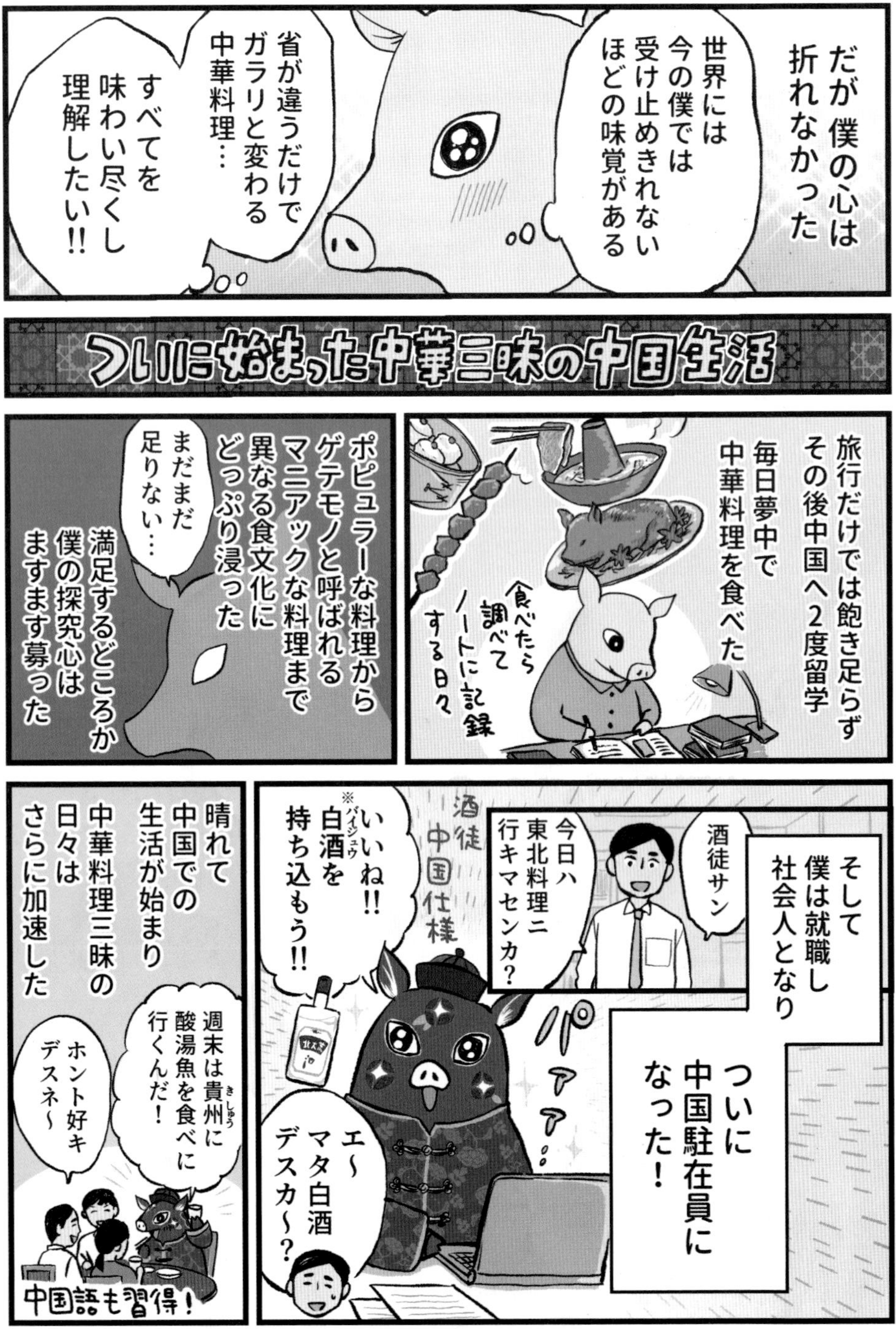
だが僕の心は折れなかった
世界には今の僕では受け止めきれないほどの味覚がある
省が違うだけでガラリと変わる中華料理…
すべてを味わい尽くし理解したい!!
ついに始まった中華三昧の中国生活
旅行だけでは飽き足らずその後中国へ2度留学
毎日夢中で中華料理を食べた
食べたら調べてノートに記録する日々
ポピュラーな料理からゲテモノと呼ばれるマニアックな料理まで異なる食文化にどっぷり浸った
まだまだ足りない…
満足するどころか僕の探究心はますます募った
そして僕は就職し社会人となり
酒徒サン
今日ハ東北料理ニ行キマセンカ?
酒徒中国仕様
いいね!! ※白酒《バイジュウ》を持ち込もう!!
パァア。。
ついに中国駐在員になった!
エ〜マタ白酒デスカ〜?
晴れて中国での生活が始まり中華料理三昧の日々はさらに加速した
週末は貴州《きしゅう》に酸湯魚を食べに行くんだ!
ホント好キデスネ〜
中国語も習得!

※アルコール度数50度を超える蒸留酒。東北料理には白酒！

ある日
農村料理を求めて
訪れた雲南省で
民宿のおばあちゃんが
料理を振る舞ってくれた
謝謝！
飾り気がなく
味付けもシンプル
実質的で温かい
その家庭料理に
旨い…
僕は
感動した
本当に旨い
中華料理とは
こういうこと
なんだ…!!
この体験が
今の僕の
礎《いしずえ》になった
それから十数年
各地の家庭料理に
どんどんハマり
自分でも作って
味を再現する
ようになり
子も生まれた
もう少し
塩かな…
食べ歩きを
記録していた
ノートから
Note BOOK
2007.1〜
2007.6
2008.6〜
2008.12
ブログや
SNSで
レシピを発信
するように
なった
毎日食べたいと
思うあたらしい
家中華を伝えたい
その想いで
この本を
作りました！
おいしかったー
是非ご賞味
ください！

中国各地の味を食卓に！

東北三省
北京市
山東省
陝西省
江南地方
上海市
湖北省
湖南省
江西省
福建省
広東省
海南省

東《とう》北《ほく》三省

見た目も食材も地味だけど、塩味・醤油味が主体の親しみやすい味付け。量の多さも特徴！

上《しゃん》海《はい》市

醤油と砂糖と油を多用する真っ茶色な甘辛料理にギョ！　でも、その濃厚な味がクセになる！

江《こう》南《なん》地方

長江流域の豊かな土地が育む旬の食材を組み合わせ、味付けの濃淡を使い分ける多彩な料理！

広《かん》東《とん》省

食材の幅広さとスープへのこだわりは、中国一！ 素材の持ち味を活かしたあっさり味が魅力。

酒徒的味巡り

掲載レシピの故郷をチェック！

家中華美食地図

四《し》川《せん》省

皆さんご存じの麻辣天国。唐辛子の辛さと花椒の痺れの刺激の中に複雑な旨味とコクが潜む！

北《ぺ》京《きん》市

塩・醤油・黒酢などをシンプルに用い、甘さを抑えた硬派な味付け。毎日でも食べ飽きない！

雲《うん》南《なん》省

南方の大自然と少数民族文化が生んだエキゾチック中華。意外な食材の組み合わせが楽しい！

湖《こ》南《なん》省

辛さ比べなら四川以上！ ガツンとした唐辛子の辛さとこっくりした醤油味のコンビが刺激的。

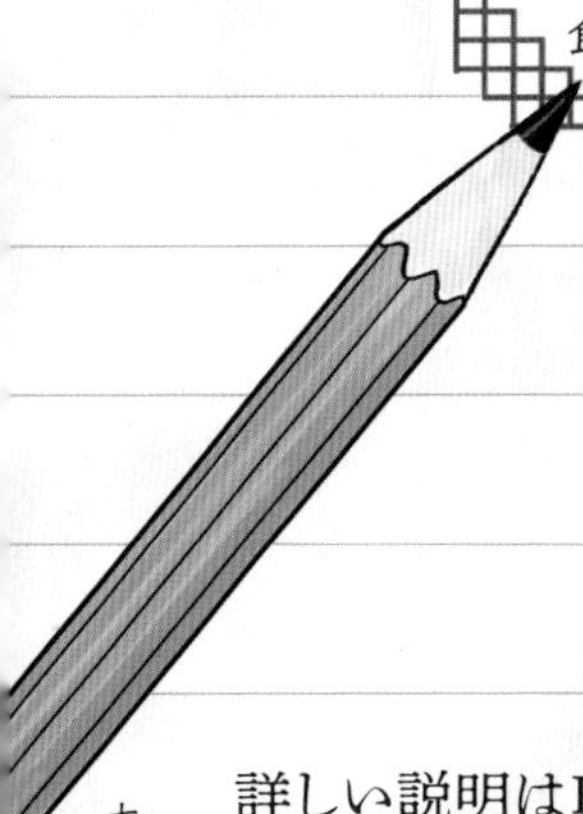

詳しい説明はP.124をチェック！

それでは
各地の中華料理を
食べ歩いてきた
僕が体得した
「あたらしい
家中華」とは！
ここが、あたらしい！
ここが、あたらしい①
特別な調味料は
いりません！
しょうゆ
ごま油
砂糖
塩
炒め油
※②
紹興酒
※①
米酢
黒酢
この本に
収録されている
料理のほとんどは
こちらの調味料だけで
作れます！
スーパーにあるもので大丈夫!
※① 日本酒で代用できます
※② 菜種油や大豆油などクセのないものならなんでもOK！
中国の家庭料理は
シンプルな調味料
だけで作れるものが
たくさん！
鶏ガラスープ
甜麺醤
豆板醤
オイスターソース
これらは
この本では
使いません！
ここが、あたらしい②
特別な調理器具も
いりません！
蒸籠《せいろ》や
中華鍋がなくても
大丈夫！

深めのフライパンさえあれば炒めものやスープはもちろん蒸し料理だって全部作れちゃいます！

酒徒式蒸し方
鍋の中に台を置き、湯を沸かす。台の上に皿をのせてフタをして蒸すだけ！

蒸し台がない場合は小皿やざるで代用OK 要はお湯が直接触れないような「脚」を作ればOK！

ここが、あたらしい③ 食材もあれこれいりません！

中華といえばいろいろな食材を使うから下準備が大変と思う方もいるかもしれません
五目野菜炒め
八宝菜
でも！本場中国では1～2種類の食材だけで作る料理がいっぱい！

シンプルでおいしい！

ここが、あたらしい④ 野菜をたっぷり食べられます！

中華料理を食べていれば野菜不足になることはありません！

お子さんにもオススメ！

炒めたり茹《ゆ》でたり蒸したり…

サラダでは絶対食べられない量の野菜でもぺろりと食べることができます！

日本では珍しい意外な組み合わせにも注目です！

ここが、あたらしい⑤
油を上手に使いましょう！
中華料理＝油っこい そう思う人も多いでしょう
でも家庭料理ではそれほど多くの油を使いません
一方で油は料理にコクと香りを加える大事な調味料でもあります むやみに恐れず上手に活用しましょう！
ツヤ ツヤ
シンプルな味付けで毎日食べても飽きなくて疲れないヘルシーな料理…
それこそが中国の家庭料理なのです
それでは参りましょう 手間なく簡単失敗知らず
日本一やさしい「あたらしい家中華」の世界へ！

手軽　あっさり　毎日食べたい

あたらしい家中華

酒徒

マガジンハウス

目次 ✲

醤

第二章　醤油の中華

菜 第三章 野菜の中華

茹 第四章 茹でる中華

あたらしい家中華のルール

其ノ壱　大らかな気持ちで作る

この本では、僕が現地で食べて感動した味を再現できるよう努めましたが、レシピの分量はあくまで目安です。味のバランスをイメージしてもらうためのものなので、多少ぶれても大丈夫。そもそも広い中国では、同じ名前の料理でも地域によって味付けが異なることがよくあります。例えば、激辛の四川料理を広東人が作ると辛さが弱まったり、上海人が作ると甘くなったりします（笑）。要は、みんな自分好みの味に変えて楽しんでいるわけですから、皆さんも気楽に作りましょう！

其ノ弐　最初はあれこれ足さない

とはいえ、最初はレシピ以外の材料・調味料を足さずに作ってもらえると嬉しいです。かつて僕が経験した「これだけの材料・調味料で、本格的な中華料理が作れるんだ！」という感動を、皆さんにも是非味わって欲しいのです。アレンジは、二回目からでお願いします！

其ノ参　必ず味見する

トマト１個といっても大きさはまちまちですし、塩ひとつまみも量は人それぞれです。レシピとは結構あいまいなものですが、そのあいまいさをコントロールするには、味見をするのが一番！ 「今日のトマトは大きかったから、いつもの塩の量だと味が薄いな。少し足しておこう」といった具合に、作るたびに味見をして微調整を繰り返していると、自分だけの「ものさし」ができてきます。この「ものさし」こそが、一番の宝物。一生使える万能調理アイテムになりますよ。ご自身やご家族の好みに合う料理こそが、家庭料理のあるべき姿です。この本の料理はどれも簡単なものばかりなので、ぜひ何度も作って好みの塩梅を見つけてみてください。それによって、皆さんの食卓が少しでも賑やかになれば、嬉しいです。

レシピの表記について

- 分量は、特に記載のないものは3～4人分です。
- 小さじ1＝5ml、大さじ1＝15mlです。「ひとつまみ」は、親指・人さし指・中指の3本でつまんだ分量です。
- 「炒め鍋」は、中華鍋でも深めのフライパンでも構いません。著者は、直径33cmの鉄製中華鍋を使用しています。
- 「油」は、菜種油を使用していますが、クセのない油なら何でもOKです。
- 野菜は、基本的に洗ったり皮をむいたりヘタ・ワタ等を除いたりしたあとの手順を記しています。

酒徒的厨房

普通のキッチンで
作っています！

中華包丁2種
（薄刃と中厚刃）
中華鍋（北京鍋）
竹ささら
中華ヘラ
五徳
蒸し台
蒸し物用トング
中華鍋のフタ

道具の説明はP104をチェック！

第一章 塩

塩の中華

え、味付けはこれだけ？ と驚くかもしれませんが、中国には塩だけで味を決める料理がたくさんあります。塩の力で素材の魅力を引き出す「塩の中華」です。

ròumò zhēngdàn

01

肉末蒸蛋（豚ひき肉の中華茶碗蒸し）

だし汁いらずの最強茶碗蒸し！

中国の家庭では、定番中の定番だ。僕は上海で知り合った安徽《あんき》省出身のおばちゃんに教わった。

卵をよく溶いて水を足し、豚ひき肉を入れて蒸すだけという簡単さ。スが入っても気にしない大らかさ。**「家庭料理は、簡単で美味しいのが一番」という透徹した哲学が感じられる。**

熱々の卵をレンゲですくい、口に運ぶ。ぷるんとした卵のピュアな甘味が、豚ひき肉の旨味と胡麻油の香りで大きく膨らむ。だし汁も入れずにこんなに滋味深い味わいになるのか……と感動するはずだ。

一度覚えれば、生涯重宝すること間違いなし。早速、試そう！

塩

用料（材料）

- 豚ひき肉…約50g
- 卵…２個
- 水…200ml
  （卵１つに対し100ml）
- 小ねぎ…１～２本

【下準備】
- 醤油…小さじ½
- 紹興酒…小さじ１
- 塩…ひとつまみ

【仕上げ】
- 醤油…適量（小さじ½～お好みで）
- 胡麻油…適量（小さじ½～お好みで）

做法（手順）

① 下準備をする

- ひき肉に醤油と紹興酒を加えて混ぜる。
- 深めの器に卵を割り入れてほぐし、塩・水を加えて混ぜ、ひき肉を入れてさらに混ぜる。
- 小ねぎは小口切りにする。

② 蒸す

- 器を弱中火で20分ほど蒸す。

③ 仕上げる

- 卵を串で刺して透明な汁が出たら、醤油と胡麻油をかけ回し、小ねぎを散らす。

温馨提示（アドバイス）

- **スが入っても気にしない**
  どのみち旨いので、大らかに行こう。
- **醤油は控えめに**
  卵のピュアな旨味を楽しもう。最初は醤油なしで食べて、味変を楽しむのがオススメ。

日本の感覚だと「茶碗蒸しには出汁を入れなければいけない」と思ってしまいますが、本当にいりません。もちろん、**うま味調味料も鶏がらスープの素も不要**です。**豚肉に全てをゆだねましょう！**

酒徒のひと言　茶碗蒸しへの心理的ハードルがグッと下がる一品。ありものの食材でパッと作れるわりに、しっかりした一品になるのが嬉しい。また、蒸している間に他の料理を作ったり飲み食いしたりできるのも、なにげに便利だ。

02

小沙丁魚蒸蛋（シラスの中華茶碗蒸し）

塩

釜揚げシラスが大活躍！
ほわほわ卵がもたらす幸せ

シラスの旨味を閉じ込めた熱々ぷるぷるの卵が、舌の上でつるりと溶ける。思わず目尻が下がるやさしい味わいは、老若男女に愛されること間違いなし。

xiǎoshādīngyú zhēng dàn

用料(材料)

- 釜揚げシラス…約25g
- 卵…2個
- 水…200ml
- 小ねぎ…1～2本

【下準備】
- 塩…ひとつまみ

【仕上げ】
- 醤油…適量
（小さじ½～お好みで）
- 胡麻油…適量
（小さじ½～お好みで）

做法(手順)

① 下準備をする

- 深めの器に卵を割りほぐし、塩と水を加えて混ぜ、シラスを入れてさらに混ぜる。
- 小ねぎは小口切りにする。

② 蒸す

- 器を弱中火で20分ほど蒸す。

③ 仕上げる

- 卵を串で刺して透明な汁が出たら、醤油と胡麻油をかけ回し、小ねぎを散らす。

酒徒のひと言

この料理の原型は、生のシラウオで作る銀魚蒸蛋。それを気軽に入手できる釜揚げシラスに置き換えたが、美味しさは本家に勝るとも劣らずだと思っている。

03

干貝蒸蛋（干し貝柱の中華茶碗蒸し）

塩

gānbèi zhēng dàn

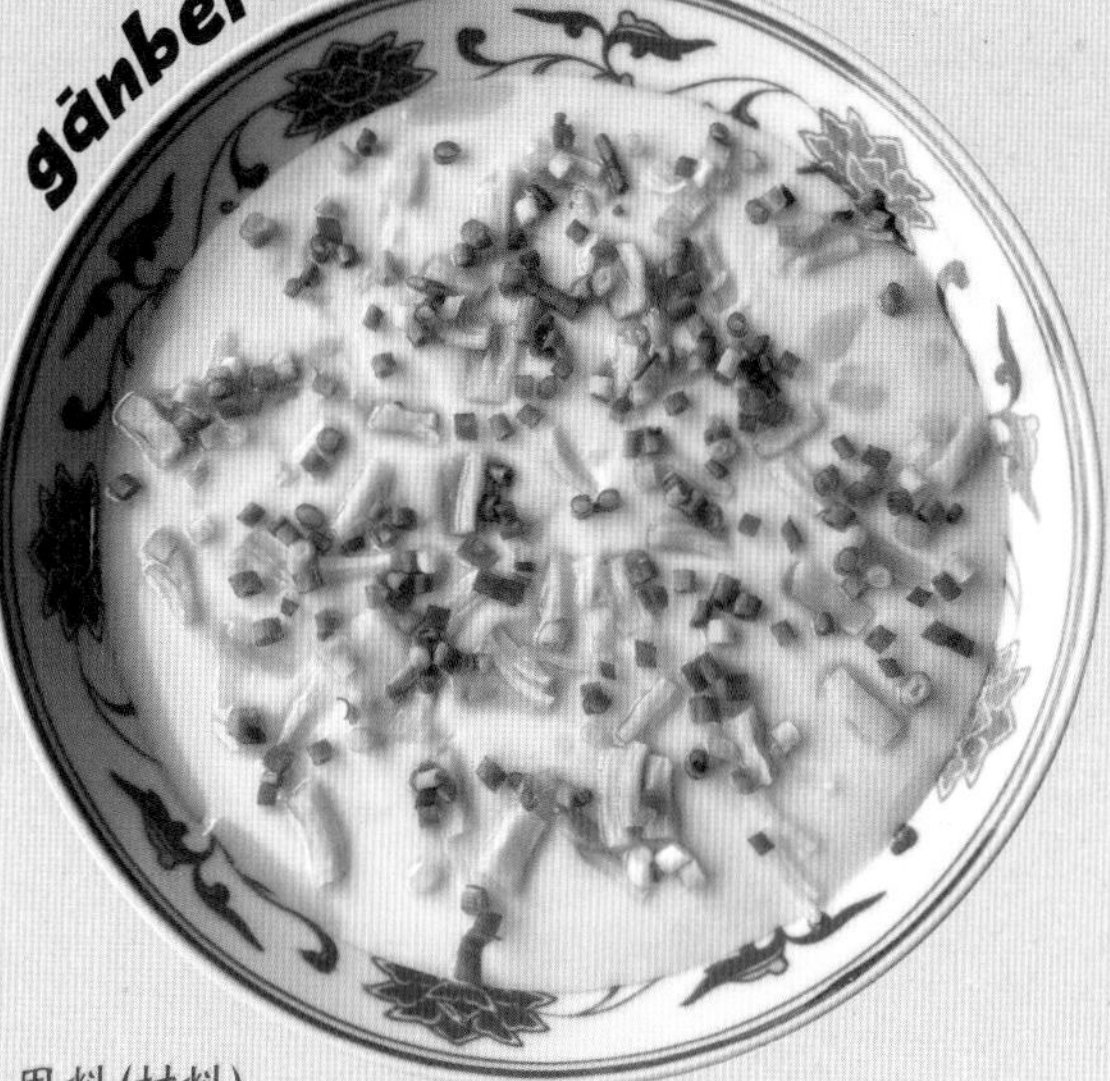

上品でいて、扇情的。我を忘れる干し貝柱と卵の競演！

干し貝柱と卵の出逢いで生まれる圧倒的ご馳走感。熱々を口に運べば、豊かな旨味がじゅわりと広がり、幸福感に包まれる。但し、火傷にご注意。

用料(材料)

- 干し貝柱…約20g
- 卵…2個
- 水…200ml
- 小ねぎ…１～２本

【仕上げ】
- 胡麻油…適量（小さじ½～お好みで）
- 醤油…適宜（味見後、お好みで）

做法(手順)

① 下準備をする

- 干し貝柱は分量の水に一晩浸《つ》けて戻し、貝柱を取り出してほぐす。
- 深めの器に卵を割りほぐし、貝柱の戻し汁を加えて混ぜる。
- 小ねぎは小口切りにする。

② 蒸す

- 器を弱中火で15分ほど蒸し、貝柱を全体に散らして、さらに5分蒸す。

③ 仕上げる

- 卵を串で刺して透明な汁が出たら、胡麻油をかけ回し、小ねぎを散らす。

酒徒のひと言　帆立の貝柱と戻し汁に塩気があるので、味付けはいらない。醤油は味見してから足そう。贅沢な干し貝柱をえいやと使い、一晩かけて戻す価値のある美味しさだ。

suànróng chǎo xilánhuà

04 蒜蓉炒西蘭花（ブロッコリーのにんにく炒め）

塩

茹でたブロッコリーの10倍くらい箸が進む

「ブロッコリーって、茹でてドレッシングやマヨネーズをかけるだけになっちゃう」というあなた、是非この料理をお試しあれ。ブロッコリーをにんにくで炒めるだけだが、油とにんにくの風味が加わることで、ただ茹でたブロッコリーより遥《はる》かに箸が進むのだ。

実のところ、ブロッコリーを使う中華料理はそれほど多くはないのだが、「これが旨すぎるんだから、それでいいんじゃない?」と思ってしまうほど。色鮮やかにつやつやと輝くブロッコリーからは、ご馳走感すら漂ってくる。

食べ方が限定的になりがちなブロッコリーに新たな光を!

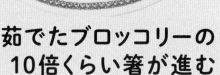

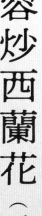

用料(材料)

・ブロッコリー…1株
・にんにく…2～3片
・塩…適量(ひとつまみ～お好みで)
・炒め油…大さじ2

做法(手順)

① 下準備をする

・ブロッコリーはひと口大の房に分ける。茎は皮を剥《む》き、ひと口大に切る。
・にんにくはみじん切りにする。

② 下茹でする

・中華鍋にたっぷりの湯を沸かし、湯の1%の塩(分量外)を溶かす。
・ブロッコリーとひと回しの油(分量外)を入れ、2分ほど茹でる。
・ざるに上げて、水気を切る。

③ 炒める

・中華鍋を強火で熱して炒め油を馴染ませたら、中火にしてにんにくを入れる。
・にんにくがジャーッと音を立てたらすぐにブロッコリーを入れて、熱くなるまで炒め、塩で味を調える。

温馨提示(アドバイス)

・**ブロッコリーは硬めに茹でる**
あとで炒めるので。なお、茹でるときに油をたらすと、色よく仕上がる。

・**にんにくは多めに**
ここをケチると美味しくならない。

・**炒めるときの油も多めに**
少ないと艶やかに仕上がらない。

・**にんにくは火を通しすぎない**
最後まで白さを保てるよう意識する。カリカリの茶色はNG。

「ブロッコリーは下茹でしなくても良いのでは?」と思うかもしれません。面倒なら炒めるだけでもいいですが、均一に火を通すのは結構難しいし、にんにくが焦げてしまいがちです。**この料理では、下茹ではかける価値のある手間だと思っています!**

酒徒のひと言　ブロッコリーを茹でるとき、さーっと鮮やかな緑色に変わっていく瞬間が好き。炒めるときのにんにくの香りも最高だ。

05

西紅柿炒蛋（トマトの卵炒め）

xihóngshi chǎo dàn

この料理を知らずして トマトの旨さを語ることなかれ！

塩

中国では誰もが知るド定番の家庭料理だ。日本での知名度もかなり上がってきたが、もしまだ作ったことがないよという方がいらしたら、是非今日にでもお試しいただきたい。

そもそも旨味のカタマリであるトマトと卵を組み合わせて、旨くならない方がおかしい。炒めることでトマトの汁が油と溶け合ってソースとなり、ふわふわとろとろの卵にからむ。その旨さたるや、初めて食べたときは、衝撃的な旨さに震えたことをはっきり覚えている。

有名な料理だけあって、家庭の数だけ「その家の味」がある。僕も、あれこれ作ってこのレシピに落ち着いた。極めてシンプルだけど、これで十分だと思っている。

色々な作り方がある
人気レシピなので、
酒徒的想定問答集
を作ってみました！

用料(材料)

- トマト…３～４個
- 卵…３個
- 塩…適量(ひとつまみ～お好みで)
- 炒め油…大さじ２
- 追い油…大さじ１

做法(手順)

① 下準備をする

- トマトはくし切りにする。
- ボウルに卵を割り入れ、塩少々(分量外)を入れてよく溶く。

② 卵を炒める

- 中華鍋を強火で熱して炒め油を馴染ませたら、卵を注ぎ入れる。
- 焦げ目をつけないようふんわり炒め、一度取り出す。

③ トマトを炒め、卵を戻す

- 中華鍋に追い油を入れ、トマトを炒める。
- トマトの角が崩れてきたら、卵を戻して炒め合わせ、塩で味を調える。

温馨提示(アドバイス)

- **トマトは大きめに切る**
  小さ過ぎるとすぐ崩れてベシャベシャになる。
- **卵を炒めるときは、必ず強火**
  よく鍋を熱してから油を入れ、油が熱くなってから卵を入れると、くっつかない。
- **トマトを炒めるときも、強火。だらだら炒めない**
  トマトから出た汁気がとろりとしたソースになる。トマトの角が崩れてきたら、仕上げに入る。

Q&A

Q.トマトを先に炒めてから溶き卵を入れるレシピを見たのですが？

A.そうすると、スクランブルエッグや卵とじみたいになります。僕は卵のふんわり感を重視したいので、卵を先に炒めています。

Q.卵を一度取り出すのが面倒なんですが？

A.卵を炒めたところにそのままトマトを加えると、卵に火が入りすぎてふんわり感が失われます。これまたふんわり感重視なので、ここは頑張ってます(笑)。

Q.トマトを先に炒めて取り出してから卵を炒めてもよいですか？

A.トマトを取り出したときに鍋を洗うことになり、面倒じゃないですか？　卵が先なら、洗わなくて済みますよ。

Q.砂糖は入れないのですか？

A.旨味が高まるので、お好みで。僕は、昔の酸味が強いトマトならともかく、日本の甘いトマトに甘さを足す必要はないかなと考えてます。

Q.醤油やオイスターソースや鶏ガラスープの素は？

A.トマトの旨味だけで満足してます。

トマトの旨味だけでも美味しいですよ。まずは入れずにお試しください！

酒徒のひと言　まあ、どう作っても美味しくなるので、軽い気持ちで作ってほしい。味付けをちょっと濃いめにして、ご飯やうどんにぶっかけて食べるのも最高だ。僕にとっては、今後も一生作り続けるであろう永遠の定番だ。

栄養バランスも整えやすく、「あと一品」の時に重宝すること間違いなしですよ！

做法（手順）

① 下準備をする

・具材を用意し、ボウルに卵と塩少々を入れてよく溶く。

② 卵を炒める

・中華鍋を強火で熱して炒め油を馴染ませたら、卵を注ぎ入れる。

・焦げ目をつけないようふんわり炒め、一度取り出す。

③ 具材 を卵と合わせる

・中華鍋に追い油を足し、具材に火が通るまで炒める。

・卵を戻して炒め合わせ、ひとつまみの塩で味を調える。

※分量は「西紅柿炒蛋（トマトの卵炒め）」P26参照

06 蘆筍炒蛋（アスパラガスの卵炒め）

× アスパラガス

lúsǔn chǎo dàn

アスパラは硬めに塩茹でし、ひと口大の斜め切りにする。茹で時間は 30 秒程度。あとで炒めるので、茹で過ぎに注意。アスパラと卵は、相性抜群！

07 毛豆炒蛋（枝豆の卵炒め）

× 枝豆

máodòu chǎo dàn

枝豆は硬めに塩茹でし、さやから豆を出す。コリコリの枝豆とふわふわ卵の対比が魅力。口いっぱいに頬張って、枝豆の風味を存分に楽しんでほしい。

08 苦瓜炒蛋（ゴーヤの卵炒め）

× ゴーヤ

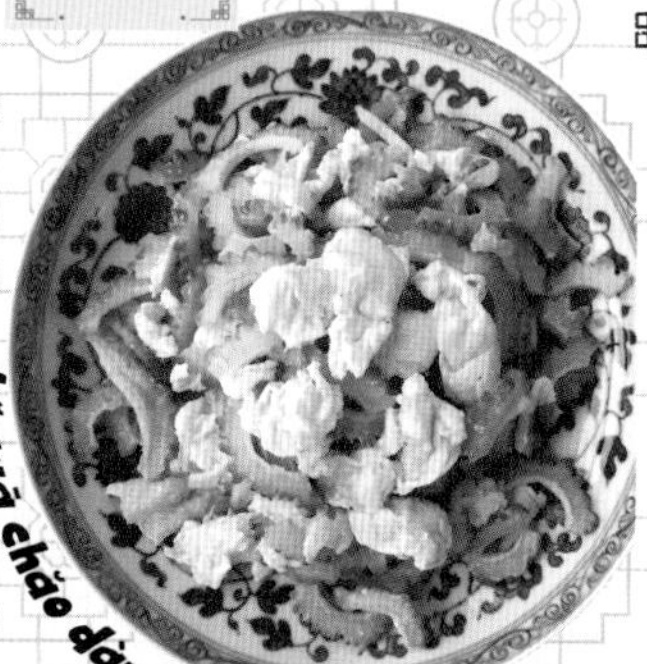

kǔguā chǎo dàn

ゴーヤは半月状の薄切りにし、塩で揉んで10分置いてから、水気を切る。ゴーヤは身体を冷やす効果があるといわれ、中国南方でよく食べられている。

09 胡蘿蔔炒蛋（にんじんの卵炒め）

× にんじん

húluóbo chǎo dàn

にんじんは千切りにする。ふっくら卵とにんじんの食感の違いが楽しく、両者の甘さが口の中でやさしく溶け合う。千切りスライサーで気軽に作ろう。

卵＋具材のレパートリーが増えれば、料理上手になった気分！

中国全土で愛される卵炒め 組み合わせ無双！

10 扇貝炒蛋（ホタテの卵炒め）

× ホタテ

shànbèi chǎo dàn

ホタテは塩・紹興酒・片栗粉・油を揉み込み、弱火で30秒ほど茹でて、ざるに上げる。こうすることでホタテの旨味をとじ込め、火の通り具合を均一にする。

11 黄瓜炒蛋（きゅうりの卵炒め）

× きゅうり

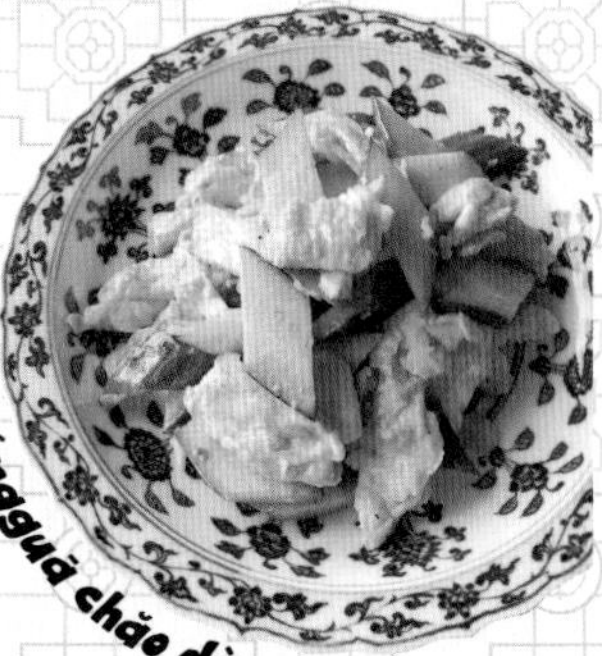

huángguā chǎo dàn

きゅうりは菱形に切る（斜めの筒切りにし、切断面を下にして薄切りにする）。炒めたきゅうりの食感は生とは別物で、香りも爽やか。意外な美味しさに驚くはずだ。

12 青椒炒蛋（ピーマンの卵炒め）

× ピーマン

qīngjiāo chǎo dàn

ピーマンは縦に細切りにする（横に切るより食感がシャキシャキする）。加熱して甘みが増したピーマンに卵が合わさると、誰もが食べやすい味になる。

13 香菜攤鶏蛋（香菜の卵焼き）

× 香菜

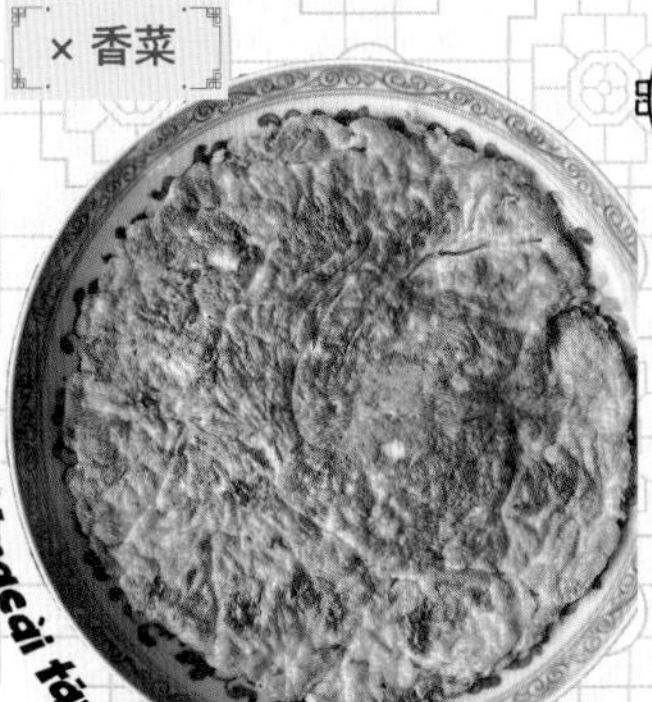

xiāngcài tān jīdàn

円盤状の卵焼きスタイル。ボウルに刻んだ香菜と卵と塩ひとつまみを入れて溶き、油を熱したフライパンに注ぎ、両面を黄金色になるまで焼く。香菜の香りを堪能しよう。

14

野荷炒毛豆（茗《みょう》荷《が》と枝豆の炒めもの）

塩

薬味だけじゃもったいない！ 茗荷と枝豆を炒める衝撃の発想

茗荷も中華料理になる。江南地方で初めて食べた時の衝撃はすごかった。炒めた茗荷の香り良さ。**枝豆と茗荷の小気味良い食感のコンボ。少しクセのある菜種油と塩だけの味付けがピタリとハマっていて、夢中でレンゲを動かした。**今やすっかり我が家の夏の定番である。

茗荷は中国ではマイナー食材だが、それでもこうやって美味しく食べている地域がある。やはり中国の食文化は奥深い……と改めて感銘を受けたひと皿だ。

見たまんまの料理ではあるが、今回は正版（正規版）と懶人版（簡易版）の2パターンをご紹介しよう。簡易版も旨いが、正規版はもう一段旨いので、僕はいつもどっちにするか悩んでしまう（笑）。

用料(材料)　正版・懶人版共通

- 茗荷…５～６本
- 枝豆…２袋(300 ～ 400g)
- 塩…適量(ふたつまみ～お好みで)
- 炒め油(理想は菜種油)…大さじ２

手間をかけても美味しいものが食べたい

極力手間をかけたくない

做法(手順)

正版(正規版)

1. 茗荷は縦に二つ割りか四つ割りにする。枝豆は生のままさやから豆を出し、水にひたし、薄皮を剥く。
2. 中華鍋を強火で熱して炒め油を馴染ませ、枝豆を入れて油をからめる。
3. 50mlの水と塩を加えてふたをし、枝豆が柔らかくなるまで煮る。
4. ふたを取って水気を飛ばし、茗荷を入れて、火が通るまで炒める。

懶人版(簡易版)

1. 茗荷は縦に二つ割りか四つ割りにする。枝豆は硬めに塩茹でし、さやから豆を出す。
2. 中華鍋を強火で熱して炒め油を馴染ませ、中火にして茗荷を入れて炒める。
3. 茗荷に火が通ったら、枝豆を炒め合わせる。
4. 枝豆が温まったら、塩で味を調える。

正規版のハードルが高いのは、生のままさやから豆を出す作業です。正直かなり面倒ですが、その方が豆の風味がグッと高まるのです。あっ、**さやから豆を出したらすぐ調理するのも、風味を保つための大事なポイントです!**

温馨提示(アドバイス)

- **茗荷を炒め過ぎない(共通)**
シャキッとした食感が残った方が美味しい。また、表面を焦がさないように仕上げたい。「中まで温める」くらいを意識して炒めている。
- **枝豆を炒め過ぎない(簡易版)**
茹でて火が通っているので、これも「温める」くらいの感じで炒めよう。

酒徒のひと言　まずは簡易版を試して、お気に召したら正規版をどうぞ。中国の市場では、お店の人に頼めば生のままさやから豆を出してくれたので、楽だったんですけどね(笑)。

15

清炒藕絲（蓮根の細切り炒め）

細切りが生む軽妙な食感！蓮根の新たな魅力を発見

切り方ひとつで野菜の味は変わる。細切りした蓮根は、輪切りや乱切りとは別物のシャキシャキ感が魅力。塩だけの味付けで、蓮根の香りと甘味を存分に味わおう。

塩

qīngchǎo ǒusī

用料（材料）

- 蓮根…350g
- ピーマン…½個
- 生姜…１片
- 塩…適量（ひとつまみ〜お好みで）
- 炒め油…大さじ２

做法（手順）

① 下準備をする

- 蓮根は縦方向に５㎝長の細切りにし、米酢小さじ１（分量外）を入れた水に10分さらす。水を替えて、ゆすり洗いしてざるに上げる。
- ピーマンと生姜は細切りにする。

② 炒める

- 中華鍋を強火で熱し、炒め油をよく馴染ませる。
- 生姜を入れて香りを出し、蓮根を加えて火が通るまで炒める。
- ピーマンを炒め合わせ、塩で味を調える。

酒徒のひと言
細切りを面倒に感じるかもしれないが、均等に切り揃える必要はない。少し太めの方が食感が活きるし、不揃いでも食感にアクセントが生まれてかえって美味しいくらいなので、気軽に試そう。

16

涼拌藕絲

（細切り蓮根の冷菜）

塩

高まるシャキッと感！
さらに広がる細切り蓮根の世界

細切り蓮根は、炒めなくてもまた旨い。さっと湯がくと、驚くほどシャキッとした食感に。酢や胡麻油と合わせれば、爽やかな冷菜のできあがり。

liángbàn ǒusi

用料（材料）

- 蓮根…200g
- ピーマン…½個
- 塩…適量（ひとつまみ〜お好みで）
- 米酢…小さじ２
- 胡麻油…大さじ１

做法（手順）

① 下準備をする

- 蓮根は縦方向に５㎝長の細切りにし、米酢小さじ１（分量外）を入れた水に10分さらす。水を替えて、ゆすり洗いしてざるに上げる。
- ピーマンは細切りにする。

② 蓮根を湯がく

- ボウルに蓮根を入れ、蓮根が浸る量の熱湯（分量外）を注ぎ、２分置く。
- 蓮根を冷水に取り、ざるに上げてよく水気を切る。

③ 和える

- ボウルに蓮根とピーマンを入れ、塩・米酢・胡麻油を加えて和える。

酒徒のひと言　冷菜なので、冷めることを気にしなくてよいところも利点のひとつ。前菜としても箸休めとしても、食卓の彩りとしての役目を完璧に担ってくれる。

17

白油豆腐

（四川式・豚ひき肉と豆腐の炒め煮）

塩

辛さ皆無の四川料理！　純白の豆腐は塩だけの純粋な味わい

四川料理といえば刺激的な「麻辣」味が代名詞だが、全く辛味のない料理も存在する。その象徴が、この白油豆腐。真っ白に仕上げるので、この名がある。

味付けは塩だけで、豆腐とひき肉の味わいをシンプルに楽しむ。豆板醤はおろか、にんにくや生姜といった薬味すら入れない。それでもこんなに旨いのかと毎回驚いてしまう。

ミチミチしたひき肉とつるんとした豆腐が口の中で合わさる美味しさは、麻婆豆腐と同じ。ご飯にかけると止まらなくなる点も同じだ。

もしかしたら唐辛子が伝来する前の四川料理はこんな感じだったのかも、などと昔に思いを馳《は》せるのもまた面白い。

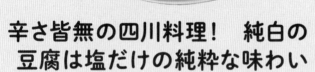

用料（材料）

- 豆腐（絹）…１丁
- 豚ひき肉…100g
- 小ねぎ…１〜２本
- 塩…適量（ふたつまみ〜お好みで）
- 水…150ml
- 片栗粉…大さじ１（２倍量の水で溶く）
- 炒め油…大さじ２
- 仕上げ油…大さじ１

做法（手順）

① 下準備をする

- 豆腐は2㎝四方の角切りに、小ねぎは小口切りにする。

② 豆腐を下茹でする

- 小鍋に豆腐が浸かる量の湯を沸かし、ひとつまみの塩（分量外）を溶かして豆腐を入れる。
- ひと煮立ちしたら火を止めて、そのまま置いておく。

③ ひき肉を炒める

- 中華鍋を強火で熱して炒め油を馴染ませたら、ひき肉を入れて炒める。
- ひき肉から透き通った油が出てパラパラになったら、分量の水を注ぐ。

④ 煮る、焼く

- 水が沸騰したら中火にし、小鍋の豆腐をざるに上げてよく水気を切ってから中華鍋に入れ、塩を加えて3分煮込む。
- 一度火を消し、水溶き片栗粉を再度よく溶いてから分量の⅓を加え、全体を混ぜて、再び中火にかける。これを3回繰り返す。
- 鍋肌から仕上げ油を流し入れ、強火にして鍋底の豆腐が焦げるくらいまで焼いたら、小ねぎを散らす。

温馨提示（アドバイス）

- **ひき肉を焦げ付かせないコツは以下3つ**
  - 煙が出るまで中華鍋を熱してから油を入れる。
  - 油を鍋によく馴染ませてからひき肉を入れる。
  - ひき肉を細かくばらすように混ぜながら炒める。
- **ひき肉はしっかり炒める**
  香りが良くなり、ミチッとした食感が生まれる
- **水溶き片栗粉は、手順通りに数回に分けて入れる**
  面倒でも、その方がだまになりにくい。
- **最後にしっかり焼く**
  グッと香りが良くなり、とろみが定着する。

豆腐は、下茹でると引き締まって崩れにくくなります。ただ、冷めると豆腐同士がくっついてしまうので、使う直前まで湯の中に入れたままにしておきましょう。慣れたら、②と③を同時並行で進めると早く作れますよ！

酒徒のひと言　本場ではラードを使うので、ワイルドな味になる。ラードは自作も可能。豚の背脂 500g を細かく切り、水 50ml とともに中火で煮て、水気が飛んだら弱火で30〜40分炒め、油かすを濾《こ》せば完成。冷蔵で数ヶ月保存可能だ。

18

麻醤豆腐（胡麻だれ豆腐）

塩

硬派すぎる胡麻だれ！塩だけなのに、こんなに旨い

塩だけで味付けた胡麻だれを豆腐にかけるだけで、あら不思議。濃厚なのにキリリとした味わいの冷菜が誕生。「映えないけれど美味しい」北京料理の実力、ここにあり。

májiàng dòufu

用料（材料）

- 豆腐（木綿）…1丁
- 香菜…１束
- 芝麻醤（ねりごま）…40g
- ぬるま湯…適量
- 塩…適量（３つまみ〜お好みで）

做法（手順）

① 下準備をする

- 香菜は粗く刻み、豆腐はひと口大の角切りにする。
- ひとつまみの塩（分量外）を加えた湯で豆腐を3分茹でてざるに上げ、キッチンペーパーの上に広げて冷ます。

② たれを作る

- 芝麻醤にぬるま湯を少しずつ加えながら混ぜて滑らかにし、最後に塩を加えて混ぜる。

③ 仕上げる

- 豆腐を皿に盛り、たれをかけ回し、香菜を散らす。好みで辣椒油（P67 参照）をかける。

酒徒のひと言　豆腐の下茹でには、豆腐の水気を出して食感を良くする効果がある。冷ますときは豆腐同士を離しておかないとくっついてしまうので、ご注意を。胡麻だれの調合は、ややねっとりした感じのトロトロを目指そう。

19

小葱拌豆腐（小ねぎの中華冷ややっこ）

塩

目から鱗《うろこ》！北京の冷ややっこは塩で食べる

中国人なら誰もが知る定番料理。今回は最もシンプルな北京式をご紹介。初めてのときはどうか何もアレンジせずに試してほしい。最小限の味付けが生む豊かな味わいを楽しもう。

用料（材料）

- 豆腐（絹）…１丁
- 小ねぎ…２～３本
- 塩…適量（ひとつまみ～お好みで）
- 胡麻油…大さじ１

做法（手順）

① 下準備をする

- 豆腐は水を切っておき、小ねぎは細かい小口切りにする。

② 仕上げる

- 豆腐を皿に盛り、全体に満遍なく塩を振る。
- 小ねぎをのせ、胡麻油をかけ回す。

食べる前にぐしゃぐしゃに混ぜてから食べること。**やり過ぎかな？　と思うくらいぐしゃぐしゃにした方が美味しいです。**

酒徒のひと言　塩を強めに効かせると、大豆の旨味がグッと膨らむ。

20

葱油芋艿（里芋の葱油炒め）

cōngyóu yùnǎi

天下無敵の里芋中華！

塩

毎年、里芋の旬が来たら真っ先に作る最強の里芋料理。**とろりとした葱油がねっとりした里芋にからみつき、とんでもない美味に化けるのだ。**作り方は至ってシンプルで、誰が作っても失敗知らず。**これほど簡単なのに大量の里芋を勢いよく消費できてしまう料理を、僕は他に知らない。**

食材も見た目も地味なのに、SNSにアップするたびに大きな反響を呼ぶ料理でもある。「まさかあんなにたくさんの里芋を食べてしまうなんて」「実家から送られてくる大量の里芋も怖くありません」などの声を頂き、僕が初めて食べたときの感動を共有できている喜びに浸っている。

論より証拠、皆さんも是非お試しあれ！

用料（材料）

- 里芋…600 ～ 700g
- 小ねぎ…8 ～ 10本
- 塩…適量（ふたつまみ～お好みで）
- 水…大さじ1
- 炒め油（理想は菜種油）…大さじ3

做法（手順）

① 下準備をする

- 里芋は皮ごと蒸し、竹串がスッと通るまで火を通す（約20～25分）。粗熱が取れたら皮を剥き、大きめのひと口大に切る。
- 小ねぎは、小口切りにする。

② 小ねぎを炒める

- 中華鍋に炒め油と小ねぎを入れ、弱火でじっくり炒めて香りを出し、小ねぎが一部焦げ始めるまで炒める。

③ 里芋を炒める

- 里芋を炒め合わせ、分量の水を入れ、塩を加える。
- 強火にして、全体がとろりとするまで炒める。

温馨提示（アドバイス）

- **小ねぎは多めで**

  里芋にたっぷりからめると美味しい。
- **小ねぎの焦がし具合はお好みで**

  鮮やかな緑色を残すと食欲をそそる。しっかり焦がすと香ばしい。
- **油と水でソースを作る**

  油と水を乳化させてソースにするイメージで作ろう。
- **塩は強め**

  なんせ味付けはこれだけなので。好みで調整しよう。

この料理の唯一の注意点は**「たっぷり作ること」**。里芋の分量は間違いじゃありません。**「芋は腹にたまるから少しでいいや」なんて気持ちで作ると、後悔必至ですよ！**

葱油がからんだ里芋がそそります

酒徒のひと言　上海・江南地方の定番料理。小ねぎの香りを油に移して食材にからめる「葱油」という手法のすごみを知った料理のひとつ。里芋とねぎを組み合わせるだけでなんでこんなに旨くなるの!? という驚きを、毎年味わっている。

21

茄泥

（胡麻だれ茄子）

北京の夏が舌に到来！
いぶし銀の茄子の冷菜

トロトロの茄子に、濃厚な胡麻だれをペトリ。にんにくの辛味が茄子の甘味をグッと引き立てて、地味な見た目からは想像もつかない奥深い味わいになる。

塩

用料（材料）

- 茄子…３～４本（約300g）
- にんにく…１～２片
- 芝麻醤（ねりごま）…40g
- ぬるま湯…適量
- 塩…適量（３つまみ～お好みで）
- 胡麻油…小さじ½

做法（手順）

① 下準備をする

- 茄子は皮を剥いて細長く切り、塩水（分量外）に浸けておく。塩水から上げて強火で10分蒸し、常温まで冷ましたら、箸で裂いて軽くつぶす。
- にんにくはすりおろす。

② たれを作る

- 芝麻醤にぬるま湯を少しずつ加えながら混ぜて滑らかにし、最後に塩と胡麻油を加えて混ぜる。

③ 仕上げる

- 茄子を皿に盛り、胡麻だれをかけ、にんにくをのせる。

酒徒のひと言

胡麻だれの調合は、麻醤豆腐（P36 参照）よりもねっとり仕上げよう。茄子に「ペトリとのせる」イメージだ。野菜料理だが酒を呼ぶ硬派な味であり、ビール・焼酎・泡盛なんでもござれ。一番合うのは、やっぱり白酒だ。

22

涼拌竹筍（筍の冷菜）

乱切りにした筍を和えるだけ！江南地方の小粋な冷菜

liángbàn zhúsǔn

シュクッとした筍に小ねぎと胡麻油の香りがからんで、とても旨い。誰もが喜ぶクセのない味でいて、酒の肴《さかな》としても秀逸。これをつまみに紹興酒をちびりとやるのが最高。

塩

用料（材料）

- 筍（水煮）…約150g
- 小ねぎ…１～２本
- 塩…適量（ふたつまみ～お好みで）
- 砂糖…ひとつまみ
- 胡麻油…小さじ２

做法（手順）

① 下準備をする

- 筍は乱切りに、小ねぎは小口切りにする。

② 和える

- ボウルに筍を入れ、塩、砂糖、胡麻油を加えて和える。
- 味を決めたら、小ねぎを加えて和える。

酒徒のひと言　筍は味がからみにくいので、塩を強めにすると味が決まりやすい。市販の水煮を使う場合、筍を5分ほど茹でて冷ましてから使うと、風味が良くなる。

column 1

果てしない！
多種多様な家中華

学生時代、中国を旅してまず驚いたのは、地域ごとに異なる料理の多様性だ。省が変わるだけで味付けや食材がガラリと変わり、新たな土地へ行くたびに未知の料理が続々と現れたのだ。

「すごい……！　日本で知られている中華料理は、ほんの一部なんだな。この多彩さ、『中華料理』というひと言じゃとても言い表せないぞ」と、当時の僕は大興奮。「もっと本場の中華料理を食べたい！　知りたい！」という衝動が沸《わ》き起こった。

このときから、「旅先で食べた料理の名前や感想を全て書き残しておき、あとで調べる」ことが習慣になった。書き残し方は手書きノートからブログやSNSへ変わったが、27年経った今も同じ習慣が続いている。

留学時代は、365日中華三昧の日々だった。2年間で5千皿以上の料理を食べ歩き、記録に残した。毎日中華料理でも、飽きることはまるでなかった。今日は北京料理、明日は湖南料理、明後日は貴州料理という具合に店を変えていけば、常に全く異なる味を楽しめたからだ。

その後の駐在生活で作る方にも手を広げたのだが、作る料理の候補には、今も昔も全く困らない。中国全土に無尽蔵の鉱脈が広がっているようなものだから、掘れば候補はいくらでも出てくるのである。

この本では、これまで中国各地で出会った無数の料理の中から、手軽で、美味しく、材料を入手しやすい料理を厳選したつもりだ。日本での知名度はまだ低いかもしれないが、どれも我が家の食卓の常連ばかりなので、皆さんの食卓でも歓迎されることを祈っている。

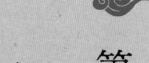

第二章

醤

醤油の中華

あれこれ難しい調味料を使わなくても、醤油があれば旨味の土台はピタリと決まります。醤油の香りとコクが鮮やかに活きる「醤油の中華」です。

23

肉末蒸豆腐（豚ひき肉の蒸し豆腐）

ròumò zhēng dòufu

豆腐×ひき肉　蒸すことで生まれる「あたらしい」味わい

豆腐とひき肉というお馴染みの組み合わせも、蒸すことで新たな味わいが生まれる。

熱々のひき肉と豆腐をレンゲですくってハフハフ頬張れば、ミチミチとした甘辛いひき肉と滑らかな豆腐が口の中で混じり合い、弾《はじ》ける。蒸している間に皿の底に溜《た》まった汁気がひき肉の旨味たっぷりのスープに化けていて、これを一緒にするとさらに旨い。

あまりにも簡単な「ザ・家庭料理」なので、中国でもレストランで見かけることはまずないが、こういう簡単で美味しい料理は家庭にこそ潜んでいるのだ。

ありものの食材でパッと作れるわりに、食べごたえがあるのもいい。我が家の超定番。

醤

用料(材料)

・豆腐(絹)…1丁
・豚ひき肉…150g
・小ねぎ…3～4本
・塩…ひとつまみ
・紹興酒…小さじ2
・片栗粉…小さじ½
・醤油…適量(小さじ1～お好みで)
・炒め油…小さじ1

做法(手順)

① 下準備をする
・豆腐は水気を切っておく。
・ひき肉は塩・紹興酒・片栗粉を揉《も》み込む。
・小ねぎは小口切りにする。

② 炒める
・中華鍋を強火で熱して炒め油をよく馴染ませ、ひき肉をしっかり炒める。
・醤油を加えて炒め合わせたら、火を止める。

③ 蒸す
・皿(食卓に出すもの)に豆腐を置き、その上にひき肉をかける。
・強火で10分蒸し、小ねぎを散らす。

温馨提示(アドバイス)

・**豆腐にかける前に油の量を調整する**
豚ひき肉を炒めると脂が出るので、そのまま全て豆腐にかけるとややしつこい。適宜調整しよう。

・**ひき肉の炒め方は、白油豆腐(P34)をご覧あれ**
手早く焦がさず炒めよう。

こっくりした醤油味が紹興酒を進めます

食べる前にぐしゃぐしゃに混ぜ合わせても、味が馴染んでまた旨いです。我が家の子豚も毎回モリモリ食べてます(笑)。

酒徒のひと言
ひき肉を炒めずに生のまま豆腐の上にのせて蒸すレシピもあるが、僕は断然、炒めてからのせる派。炒めることでミチッとしたひき肉と柔らかな豆腐が合わさって、一段上の味わいが生まれる。

24

肉末粉絲

（豚ひき肉と春雨の炒め煮）

醤

ròumò fěnsi

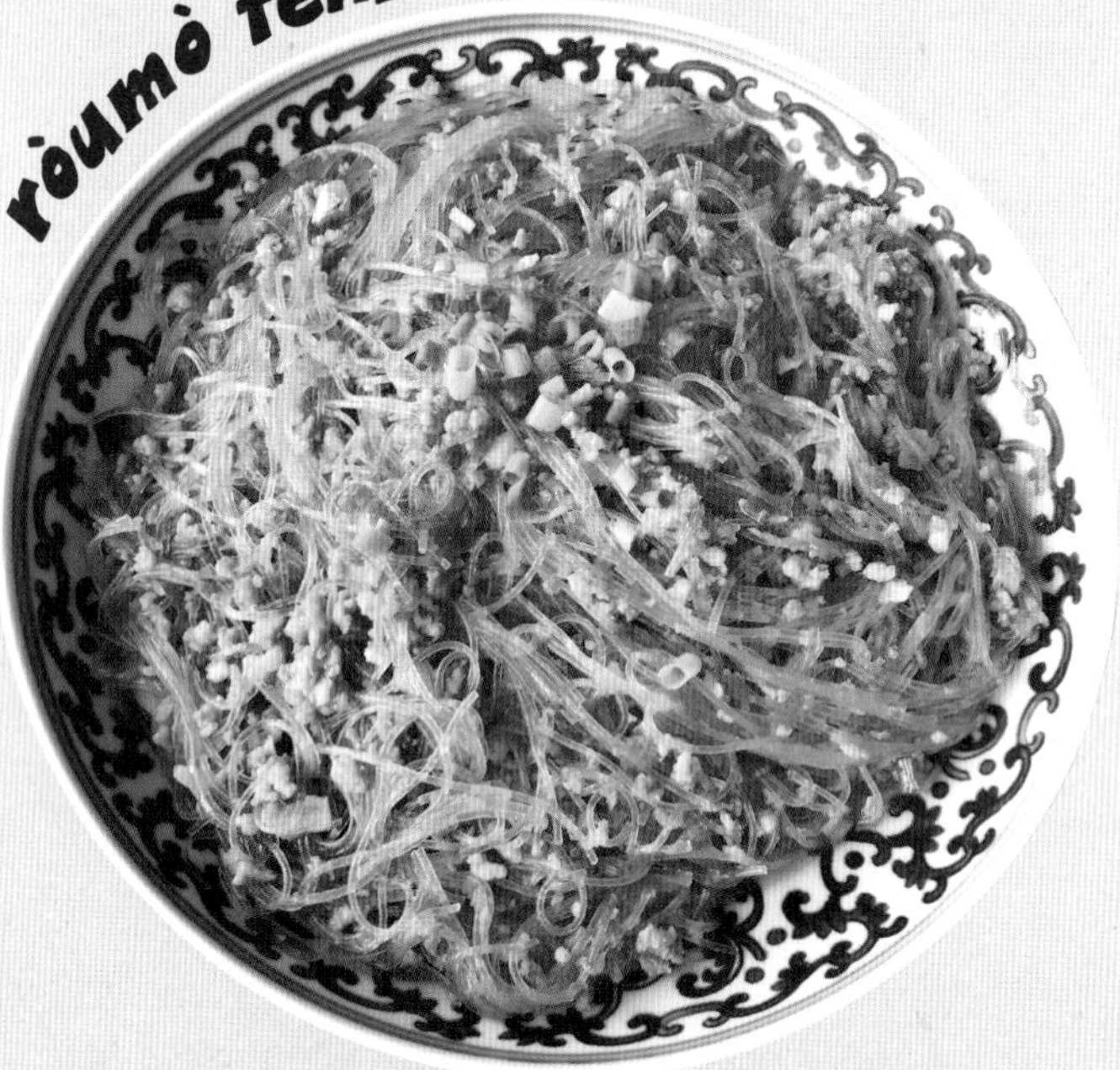

そのまま食べればビールの友
ご飯と食べれば最強のおかず

醤油色に染まっててらてらと輝く春雨が、何とも食欲をそそる。たまらず箸でたぐると、春雨にひき肉とねぎがからみつき、一緒になって口の中へ飛び込んでくる。

ムチムチの春雨。ミチミチのひき肉。両者をまとめる醤油味との相性は抜群で、**大人はビールに、子供はご飯に手が伸びる。**

毎回食べる前は作りすぎたかなあと思うけど、杞憂に終わる。つまりは、あっという間になくなる。

ありふれた食材で簡単に作れる上に、ボリュームがあり、老若男女に愛されるクセのない美味しさだ。**ズビズバーッ！ と春雨をすする喜びを、是非一度味わってみてほしい。**

用料（材料）

- 豚ひき肉…150g
- 春雨…100g（乾燥時）
- 生姜…1片
- にんにく…1片
- 小ねぎ…2〜3本
- 水…150ml
- 炒め油…大さじ2

【下準備】
- 塩…ひとつまみ
- 紹興酒…小さじ2
- 片栗粉…小さじ ½

【味付け】
- 醤油…適量（大さじ2〜お好みで）
- 胡麻油…大さじ ½
- 塩…適宜
- 胡椒…適宜

做法（手順）

① 下準備をする
- 春雨は袋の指示通り戻す。
- ひき肉は塩・紹興酒・片栗粉を揉み込む。
- 生姜とにんにくはみじん切りに、小ねぎは小口切りにする。

② 炒め煮にする
- 中華鍋を強火で熱して炒め油を馴染ませ、ひき肉をしっかり炒める。
- にんにくと生姜を入れて香りを出したら、分量の水と醤油を加え、春雨を入れて煮る。

③ 仕上げる
- 水気が飛ぶまで煮詰めたら、塩・胡椒で味を調える。
- 胡麻油をかけ回して、小ねぎを散らす。

温馨提示（アドバイス）

- **水と醤油を入れてから、春雨を入れる**
  こうすると、春雨が鍋肌にくっつかない。
- **水の量は、春雨投入後に春雨が半分浸るくらいのイメージ**
  浸り具合は鍋の形状にもよるので、調整しよう。
- **しっかり煮詰める**
  そうすると、春雨が茶色に染まって旨そうになる。
- **ひき肉の炒め方は、白油豆腐（P34）をご覧あれ**
  手早く焦がさず炒めよう。

我が家では、献立に困ったらとりあえずこれを作っておけば、家族の満足が得られます。辛くないので子供もガツガツ食べられますし、僕自身の大好物でもあります。

酒徒のひと言　ちなみに、この料理を豆板醤で辛く仕上げると、螞蟻上樹（アリの木登り）という四川料理になるのだが、それはまた別の機会に。

25

香菇蒸肉末（椎茸の肉詰め蒸し）

xiānggū zhēng ròumò

旨味爆発！　椎茸爆弾！

香味野菜を混ぜ込んだひき肉あんを椎茸のかさに詰めて蒸し上げる椎茸肉団子。素朴な農村料理だが、こんもりとした見た目に可愛らしさがあり、友人との宴会などで出すと、毎回「おお」と歓声が上がる。

椎茸から出る汁気が極旨スープになるので、レンゲで肉団子とスープを一緒に頬張るのがオススメだ。ジューシーな旨味が口一杯に広がり、ミチッとしたひき肉とシャキッとした香味野菜の競演が始まる。

焼いたり揚げたり煮込んだりする肉団子と違って、蒸す肉団子は後味が軽やか。いくつでもペロリだ。

醤

用料（材料）

- 豚ひき肉…100g
- 椎茸…10個（軸は5個分を使用）
- セロリの茎…5cm
- 白ねぎ…5cm
- 生姜…1片
- 小ねぎ…2〜3本
- 醤油…適量（小さじ1〜お好みで）
- 紹興酒…小さじ1
- 塩…ひとつまみ
- 砂糖…ひとつまみ
- 片栗粉…小さじ ½
- 胡麻油…小さじ1

做法（手順）

① 下準備をする

- 椎茸は石づきを切り落とし、軸をもぎ取る。
- 椎茸の軸とセロリ・白ねぎ・生姜はみじん切りに、小ねぎは小口切りにする。

② ひき肉あんを作る

- ボウルにひき肉と椎茸の軸・セロリ・白ねぎ・生姜を入れて混ぜ、醤油・紹興酒・塩・砂糖を加えて揉み込む。
- さらに片栗粉、胡麻油の順に揉み込む。

③ 蒸す

- 椎茸のかさの裏側にひき肉あんを詰め、皿に並べる。
- 強火で10分蒸し、小ねぎを散らす。

温馨提示（アドバイス）

- **椎茸の軸は根元から手でもぎとる**
  包丁で切るより、ひき肉あんを詰めるスペースが大きくなる。
- **軸の量は調整する**
  全部使うと多いので、半量が目安。残りは翌日の味噌汁にでも。
- **香味野菜のアレンジはご自由に**
  セロリを蓮根やクワイに替えたり、にんにくを加えてみたりしても美味しい。

口の中に汁があふれ出る瞬間が最高です

ひき肉あんを椎茸に詰める作業は、**スプーンでざっくり盛ってから手で整えれば、あっという間。**あとは蒸すだけなので、**ハンバーグよりよほど気楽です！**

酒徒のひと言　肉詰め料理が得意な安徽省のおばちゃん（P20）が教えてくれたひと皿。いつもひき肉を器用に丸めて色々な食材に詰めていた。我が家には、おばちゃんに聞き書きした秘伝のレシピ集がある（笑）。

26

客家干蒸肉

（客家式・蒸し豚）

kèjiā gānzhēng ròu

豚肉の旨味をギュッと閉じ込めた幸せの味

福建省南部で出会った客家《ハッカ》料理。薄切りの豚バラ肉に下味を付け、粉をまぶして蒸すだけの素朴な料理だ。中国には、このように素材に何らかの粉をまぶして蒸す料理がたくさんある。粉が素材の旨味を閉じ込めるのだ。

豚バラ肉だけのシンプルな構成がいい。肉の旨味を吸った粉のむっちょりとした食感が、食べ応えを増幅する。甘じょっぱさにビールも進むが、ご飯にのせて食べるともう止まらない。これに青菜炒めでも添えれば、今日はもう幸せだ。

醤

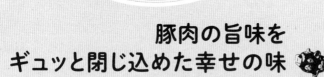

用料（材料）

- 豚バラ肉（薄切り）…350g
- 小ねぎ…1～2本

- 醤油…大さじ1
- 塩…少々
- 胡椒…少々
- 砂糖…小さじ1弱
- 片栗粉…大さじ1と ½
- 油…大さじ ½

做法（手順）

① 下準備をする

- 豚肉は5cm 幅に切り、ボウルに入れる。
- 醤油・塩・胡椒・砂糖を加えて揉み込み、片栗粉、油の順に加えてさらに揉み込む。
- 小ねぎは小口切りにする。

② 蒸す

- 豚肉を皿に平たく盛り付け、強火で20分蒸し、小ねぎを散らす。

温馨提示（アドバイス）

- **豚肉はなるべく平たく並べる**
  均一に火を通すためで、地味に重要ポイント。ただ、肉から汁が出るので、皿は少しふちがあるものがいい。
- **甘じょっぱい味付けを目指す**
  醤油で下味をしっかりつけて、砂糖である程度甘味を効かせる。

豚肉に粉と油をまぶすことで、旨味が外に流れず、ジューシーに蒸し上がるんです！
ぼくも大好き!

酒徒のひと言　スーパーで売っている薄切りの豚バラ肉で作れるところが、お手軽。片栗粉の代わりに地瓜粉（さつまいも粉）を使うと、より本場の味に。片栗粉と比べると、もちもちむっちょりとした食感が生まれるのが特徴だ。

27

韮菜鶏蛋炒粉絲（ニラと卵と春雨の炒めもの）

醤

jiǔcài jīdàn chǎo fěnsī

ニラ玉変化球！ボリュームアップで百点満点の家庭料理

ニラ玉に春雨を足すだけなのに、この旨さはどうしたことか。ムチムチの春雨、ふわふわの卵、シャッキリしたニラ。三者が醤油味で見事にまとまり、口の中で賑やかに躍る。

用料（材料）

- 卵…4個
- ニラ…1束（約100g）
- 春雨…50g（乾燥時）
- 白ねぎ…5cm
- 水…80ml
- 塩…ひとつまみ
- 醤油…小さじ2
- 砂糖…ひとつまみ
- 炒め油…大さじ2
- 追い油…大さじ1
- 胡麻油…小さじ1

做法（手順）

① 下準備をする

- 春雨は袋の指示通りに戻し、ニラは4cm幅に切り、白ねぎは斜め薄切りにする。
- ボウルに卵を割りほぐし、塩を加えてよく混ぜる。

② 卵を炒める

- 中華鍋を強火で熱して炒め油を馴染ませ、卵を注ぎ入れる。
- 焦げ目をつけないようふんわり炒めて、一度取り出す。

③ 春雨を煮る

- 中華鍋に追い油を入れ、白ねぎを炒めて香りを出したら、分量の水と春雨・醤油・砂糖を加え、春雨に味を含ませるように少し煮る。

④ ニラと卵を炒め合わせる

- 汁気が減ってきたらニラを加えてサッと炒め、卵を戻し入れ、胡麻油をかけ回す。

酒徒のひと言　簡単で、旨くて、材料費が安くて、ボリュームたっぷりなので、家庭料理として完璧なのだ。春雨をモチモチの粉条（太春雨）に変えるとより一層旨い。粉条は通販で簡単に買えるので、気になる人は探してみよう。

28

蠔煎蛋（海南式・牡蠣の卵焼き）

háojiàndàn

シンプルな牡蠣の卵焼きをパンチの効いた醤油だれが彩る

中国最南端に位置する海南島で知った海鮮料理。ジューシーな牡蠣が包み込まれた香ばしい卵焼きに、生唐辛子とにんにく入りの醤油だれがピタリ。冷えたビールのご用意を！

醤

用料（材料）

- 牡蠣（むき身。小ぶりのもの）…100 ～ 150g
- 卵…3個
- 小ねぎ…1本
- 香菜…少々
- 塩…ひとつまみ
- 片栗粉…大さじ1（同量の水で溶く）
- 焼き油…大さじ1

［醤油だれ］
- 醤油…大さじ1
- にんにく…1片
- 生唐辛子…1本

做法（手順）

① 下準備をする
- 小ねぎは小口切りに、にんにくはみじん切りにする。
- 醤油・にんにく・生唐辛子を小皿に合わせる。

② 卵液と牡蠣を合わせる
- ボウルに卵を割りほぐし、塩と小ねぎを加えてよく混ぜる。
- 洗って水気を切った牡蠣と水溶き片栗粉を加えて混ぜる。

③ 焼く
- フライパンを強火で熱して焼き油を馴染ませたら、ボウルの中身を注ぎ入れる。
- フライパンをぐるぐる傾けて円盤状に成形し、弱中火で焼き色がつくまで焼く。
- 上下を返し、反対側も同様に焼く。
- 皿に盛って香菜を飾り、醤油だれを添える。

酒徒のひと言

地瓜粉（さつまいも粉）や木薯粉（タピオカ粉）を使う台湾の蚵仔煎《オアジェン》より、手軽で簡単なところが魅力。生唐辛子を小口切りにして種ごと醤油だれに入れると、刺激倍増！

29

醋溜白菜（白菜の黒酢炒め）

cùliū báicài

立ち昇る黒酢の香り！白菜が堂々主役の唯一無二の味

醤

白菜を黒酢で炒めるだけなのに、なぜこんなにも旨いのだろう。炒めることで甘く柔らかくなった白菜に、黒酢の酸味がまろやかにからみ、飲むかの如《ごと》く白菜を食べられる。

用料（材料）

- 白菜…¼玉（約500g）
- 白ねぎ…5cm
- 干し唐辛子…1〜2本
- 黒酢…大さじ2
- 醤油…小さじ2
- 砂糖…小さじ1
- 片栗粉…小さじ1
- 炒め油…大さじ2

做法（手順）

① 下準備をする

- 白菜はひと口大にちぎって、芯と葉に分けておく。
- 白ねぎは斜め薄切りにする。
- 黒酢・醤油・砂糖・片栗粉を混ぜておく。

② 炒める

- 中華鍋を強火で熱し、炒め油をよく馴染ませる。
- 白ねぎと干し唐辛子を入れて香りを出したら、白菜の芯を加えて、甘みを出すようにしっかり炒める。
- 芯のかさが減ってきたら葉を加え、葉がしんなりするまで炒める。

③ 仕上げる

- 混ぜておいた調味料を再度よく溶いて全体にかけ回し、とろみがつくまで炒める。

酒徒のひと言　冬場に白菜を多食する中国北方の定番料理。我が家での異名は「白菜キラー」。どんなにたくさん作っても、常に瞬殺だからだ。甘味が増した旬の白菜を使うと、より一層ご馳走感が出る。コツはたっぷり作ること！

30 蒜蓉粉絲蒸蛤蜊（アサリと春雨のにんにく蒸し）

醤

suànróng fěnsī zhēng gélí

アサリの旨味を吸った春雨の芳醇《ほうじゅん》な味わい

この料理の影の主役は春雨だ。アサリの旨味を春雨に吸わせることで余すことなく堪能できるところが妙味であり、醤油やにんにくの風味がこれ以上ないくらいよく合う。

用料（材料）

- アサリ…500g
- 春雨…100g（乾燥時）
- にんにく…2〜3片
- 生姜…1〜2片
- 小ねぎ…3〜4本
- 醤油…適量（小さじ２〜お好みで）
- 油…大さじ２

做法（手順）

① 下準備する

- アサリは砂抜きして洗い、春雨は袋の指示通りに戻す。
- にんにくと生姜はみじん切りに、小ねぎは小口切りにする。

② 蒸す

- 平皿に春雨を敷き詰め、にんにくと生姜を散らし、醤油をかけ回す。
- その上にアサリを並べ、口が開くまで強火で蒸す。

③ 仕上げる

- 小ねぎを散らし、小鍋で油を煙が出るまで熱して、全体にかけ回す。

酒徒のひと言　アサリに塩気があるので、醤油は控えめに。熱した油の代わりに、胡麻油をかけ回すだけでもよい。最高の食べ方は、春雨と薬味を小さな碗に盛り、アサリの身を10個ばかりのせてから一気にすするという方法。たまらん！

31

青椒肉片（ピーマンと豚肉の炒めもの）

チンジャオロースより簡単です（笑）

パキッとしたピーマンと甘辛醤油味の豚肉は最強コンビ。ちょいと濃いめに仕上げてやれば、ビールもご飯も呼びまくる。大量のピーマンがまたたく間に胃に納まる、夏の定番。

醤

用料（材料）

- 豚肉（もも切り落とし）…200g
- ピーマン…4〜5個
- にんにく…1片
- 生姜…1片
- 炒め油…大さじ2

【下準備】
- 醤油…小さじ½
- 紹興酒…小さじ2
- 片栗粉…小さじ½
- 油…小さじ½

【味付け】
- 醤油…小さじ1
- 砂糖…ふたつまみ

做法（手順）

① 下準備をする

- 豚肉は醤油・紹興酒を揉み込み、さらに片栗粉、油の順で揉み込む。
- ピーマンはひと口大に、にんにくと生姜は薄切りにする。

② 炒める

- 中華鍋を強火で熱して炒め油を馴染ませたら、豚肉を入れて火が通るまで炒める。
- 豚肉を一度取り出し、にんにくと生姜を入れて香りを出したら、ピーマンを加える。
- ピーマンに火が通ったら豚肉を戻し、醤油と砂糖を加え、炒め合わせる。

酒徒のひと言

日本では家中華の代名詞的存在の青椒肉絲。でも正直、材料の細切りが面倒だ。そんな時は青椒肉片の出番。「絲（細切り）」を「片（薄切り）」にするだけで、美味しさはそのままに、手間は激減する。

32

油燜筍（筍の甘辛照り煮）

醤

てらてらと光り輝く筍！
魅惑のこってり甘辛醤油味！

yóumènsǔn

「濃油赤醤（油たっぷりの甘くて濃厚な味付け）」を特徴とする上海料理の王道を行くひと皿。真っ茶色に染まった筍は、食べる者の心をとらえて離さない。

用料（材料）

- 筍（水煮）…約300g
- 砂糖…大さじ2
- 醤油…大さじ1と½
- 水…50ml
- 片栗粉…小さじ½（2倍量の水で溶く）
- 炒め油…大さじ2

做法（手順）

① 下準備をする

- 筍はひと口大の乱切りにする。

② 筍をからめて、炒め煮にする

- 中華鍋に炒め油と砂糖を入れて弱中火にかけ、ヘラでかき混ぜ続ける。砂糖が油に溶けて茶色くなり、泡が弾けてきたら、すぐに筍を入れる。
- 筍を素早く転がして色を付けたら、醤油と分量の水を加え、ふたをして3分煮る。

③ 仕上げる

- ふたを取って強火にし、余分な水気を飛ばす。
- 水溶き片栗粉を再度よく溶いて全体にかけ回し、とろみが出るまで炒める。

酒徒のひと言

油に砂糖を溶かすときは、砂糖が泡立つまでじっくり炒めること。その後は焦げやすいので、すぐ弱火にしよう。この料理を肴に紹興酒をぐびりとやる愉《たの》しさを知ったら、毎年、春が待ち遠しくなるに違いない。

33

蒜蓉蒸茄子
（にんにく風味の蒸し茄子）

熱々の茄子×にんにく×醤油だれの最強トリオ！

じゅわんと柔らかな茄子にからんだにんにくの辛味と醤油だれのコクが食欲をそそる。簡単でヘルシーなのに食べごたえがあり、夏が来るたびにヘビロテ必至のひと皿。

suànróng zhēng qiézi

用料(材料)

- 茄子…3～4本（約300g）
- にんにく…1～2片
- 小ねぎ…3～4本
- 醤油…大さじ1
- 黒酢…小さじ2
- 胡麻油…小さじ2

做法(手順)

① 下準備をする

- 茄子は皮ごと細長く切り、塩水（分量外）に浸けておく。
- 小ねぎは小口切りに、にんにくはみじん切りにする。

② 蒸す

- 茄子を皮を上にして皿に並べ、にんにくを散らし、強火で10分蒸す。

③ 仕上げる

- 醤油・黒酢・胡麻油を混ぜて皿全体にかけ、小ねぎを散らす。

酒徒のひと言　茄子の皮の色を保つ秘訣は、「茄子を切ったあとすぐ塩水に浸けること」と「皮を上にして蒸すこと」。また、辛党の人は、③で小口切りの生唐辛子や辣椒油（P67）を加えても美味しい。

34

老厨白菜

（白菜と豚肉と春雨の炒めもの）

醤

白菜・豚肉・春雨・木耳《きくらげ》。地味な食材ばかりだが、だからこそ繰り返し食べたくなる。キリッとした醤油味に黒酢を効かせる山東料理らしい味付けが、酒もご飯も呼ぶ。

**地味な面子《めんつ》が織りなす
安定安心の満足感**

lǎochú báicài

用料(材料)

- 豚バラ肉薄切り…150～200g
- 白菜…400g
- 春雨…50g（乾燥時）
- 木耳…10g（乾燥時）
- 白ねぎ…5cm
- 生姜…1片
- にんにく…1～2片
- 醤油…適量
（大さじ1と½ ～お好みで）
- 紹興酒…大さじ1
- 黒酢…大さじ1
- 炒め油…大さじ2

做法(手順)

① 下準備をする

- 木耳を戻して茹でる(P61参照)。
- 春雨は袋の指示通りに戻す。
- 白菜はひと口大にちぎり、芯と葉に分けておく。
- 白ねぎと生姜は薄切りに、にんにくは包丁の腹で潰す。

② 炒める

- 中華鍋を強火で熱して炒め油を馴染ませ、豚肉を入れて色が変わるまで炒めたら、白ねぎ・生姜・にんにくを加えて香りを出し、醤油・紹興酒を加えて炒め合わせる。
- 白菜の芯を加えてちぢむまで炒め、葉を加えてさらに炒める。
- 春雨・木耳を入れ、春雨に汁を吸わせるように炒める。
- 黒酢を加え、5秒ほど混ぜ合わせる。

酒徒のひと言　山東省の田舎町で出会ったひと皿。北方中華は山盛りが正義なので、たっぷり作ろう。春雨をモチモチの粉条（太春雨）に変えると、より本場らしい豪快な食べ応えになる。

35

毛豆炒肉末

（枝豆と豚ひき肉の炒めもの）

醤

枝豆と豚ひき肉が奏でる
小気味よい食感の協奏曲

máodòu chǎo ròumò

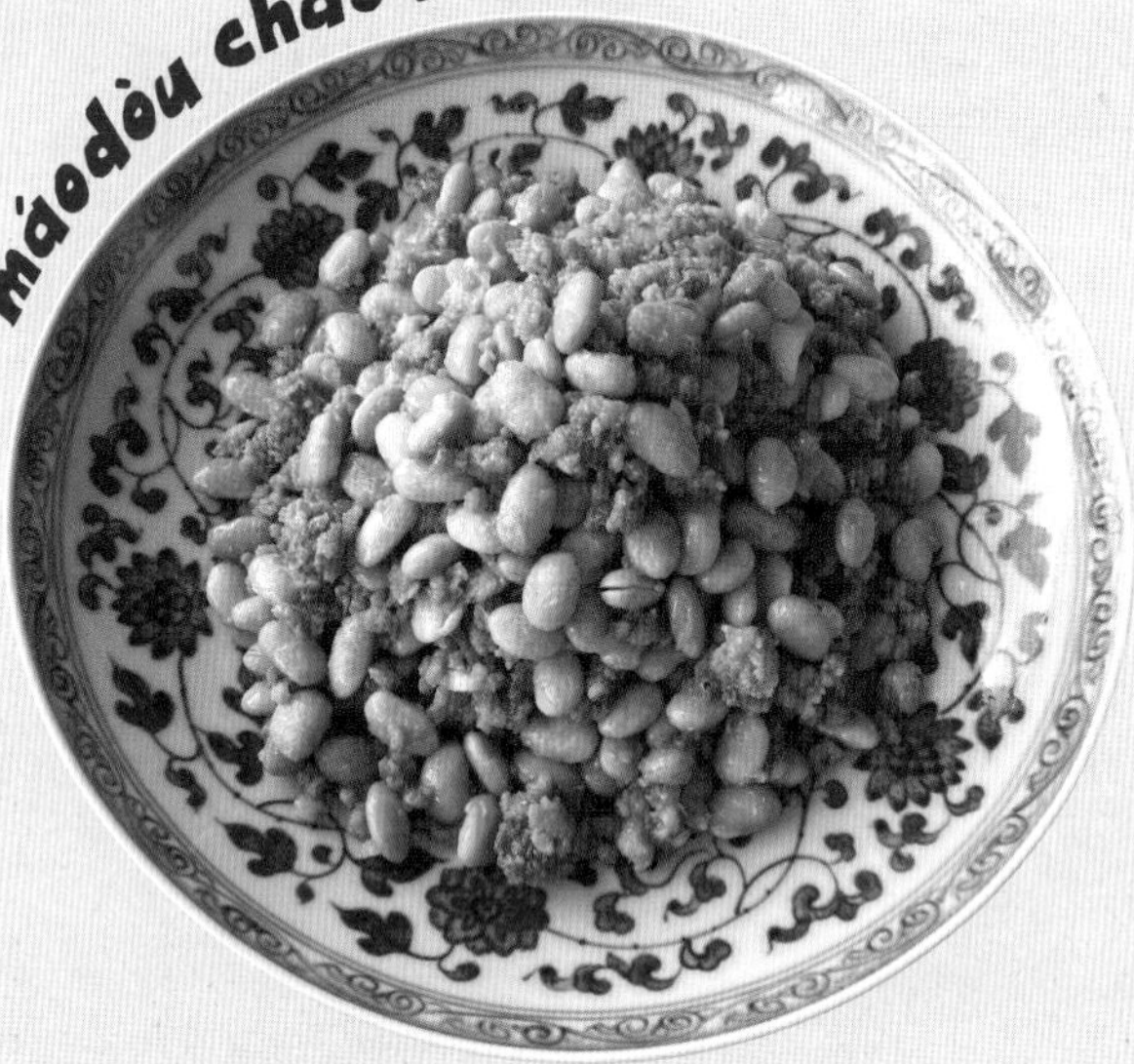

コリコリとした枝豆とミチミチとした豚ひき肉。両者を甘じょっぱい醤油が結び付け、暴力的な融合を果たす。果てしなくビールを呼ぶし、ご飯にのせるとまた旨い。

用料(材料)

- 枝豆…2袋(300 ～ 400g)
- 豚ひき肉…150g
- にんにく…1片
- 生姜…1片
- 炒め油…大さじ1

【下準備】
- 塩…ひとつまみ
- 紹興酒…小さじ2
- 片栗粉…小さじ½

【味付け】
- 醤油…小さじ1

做法(手順)

① 下準備をする
- 枝豆は硬めに塩茹でし、さやから豆を出す。
- ひき肉は塩・紹興酒・片栗粉を揉み込む。
- にんにくと生姜はみじん切りにする。

② 炒める
- 中華鍋を強火で熱して炒め油を馴染ませ、ひき肉をしっかり炒める。
- にんにくと生姜を入れて香りを出し、醤油を加える。
- 中火にして枝豆を入れ、熱くなるまで炒める。

酒徒のひと言　この料理には、酒飲みもご飯好きもあらがえない。レンゲを持つ手が止まらなくなり、腹がはち切れそうになるまで食べ続け、気が付けば２本目のビールに手が伸びている。何とも恐ろしい料理なのだ。

36

涼拌木耳（木耳の冷菜）

liángbàn mùěr

これがあれば安心。中国全土で愛されている前菜のド定番

肉厚でプリプリの木耳を黒酢だれの酸味とコクが彩り、香菜と胡麻油が香る。その爽やかな味わいにむくむくと食欲がわく。食べれば誰もが木耳ファンになるはずだ。

醤

用料(材料)

- 乾燥木耳…20g
- にんにく…1〜2片
- 香菜…適量
  ※小ねぎでも旨い。
- 醤油…大さじ½
- 黒酢…大さじ½
- 胡麻油…大さじ1

做法(手順)

① 下準備をする

- ボウルに木耳とたっぷりのぬるま湯と砂糖小さじ1（分量外）を入れ、30〜40分置く。
- 戻した木耳の石づきを取り、2分茹で、ざるに上げて水気を切る。
- にんにくはみじん切りにし、香菜は荒く刻む。

② 和える

- ボウルに木耳・にんにく・香菜を入れ、醤油・黒酢・胡麻油を加えて和える。

酒徒のひと言　乾燥木耳を常備しておくと、何かと便利。例えば、茹でた木耳に練り辛子を溶いた醤油を添えるだけで、芥末木耳（木耳の辛子醤油だれ）という東北料理の冷菜が完成。強烈な刺激が食欲を刺激する。

37

陝西油潑麺

（陝西式・油そば）

Shǎnxi yóupōmiàn

色気あふれる油そば！本能に身をゆだねよう

醤

陝西《せんせい》人のソウルフードである。

茹でたて熱々の麺にカンカンに熱した油をかけ回すと、華やかな香りが竜巻のように立ち昇る。碗《わん》の底から混ぜれば麺がぬらぬらと赤く輝き始め、強烈に官能を刺激する。たまらず頬張れば、熱々の油に刺激された唐辛子とにんにくが情熱的に躍り出す。キレのある醤油だれ。むっちりした太めの麺。噛めば噛むほど豊潤な味わいが口一杯に広がっていく……。

とにかくこの麺は色気がすごい。陝西人でなくとも心を奪われること必至だ。

麺は、陝西人なら自分で打つが、僕らは気軽にいこう。市販の刀削麺やビャンビャン麺の他、太めのうどんでもいい。写真は、大分のだご汁の生麺だ（笑）

用料(材料)

(2人分)
- 中華麺(※)…2玉
- 豆もやし…少々
- チンゲン菜…少々
- にんにく…3～4片
- 小ねぎ…3～4本
- 白胡麻…少々
- 醤油…大さじ2
- 黒酢…大さじ1
- 塩…少々
- 粉唐辛子…適量(大さじ1～お好みで)
- 油…大さじ3

※理想は卵・かん水なしの平打ち麺

做法(手順)

① 下準備をする

- にんにくはみじん切り、小ねぎは小口切りにする。
- 醤油・黒酢・塩を混ぜて、たれにする。

② 茹でる

- 中華鍋にたっぷりの湯を沸かし、豆もやしとチンゲン菜を入れて1分ほど茹で、ざるに上げる。
- 同じ湯で麺を茹で、湯切りして碗に盛り、周りに豆もやしとチンゲン菜を盛る。

③ 仕上げる

- 麺にたれをかけ、粉唐辛子・にんにく・小ねぎ・白胡麻を碗の中央に盛る。
- 小鍋で油を煙が出るまで熱し、碗の中央に注ぎかける。
- 食べる前に、碗の底から全体をよく混ぜる。

温馨提示(アドバイス)

- **作る前にイメージトレーニングを入念に行う**
  麺を茹でたあとにやることが多いので、あらかじめ段取りをイメージして必要なものを準備しておくと、慌てなくて済む。
- **粉唐辛子は、碗の中央にまとめる**
  中央に置いた粉唐辛子の赤とその周りの麺の白とのコントラストを際立たせるように配置すると、美味しそうに見える。本場もそう。
- **油は煙が出るまで熱する**
  ここでビビるとそれっぽくならない。油をかけたときにジャーッ！と音がして、粉唐辛子が赤みを増していけば成功。

とにかくよく混ぜるのが鉄則！
麺が満遍なく色付いてから食べましょう。どんどん高まっていく香りや、早く食べたいと焦る気持ちも含めて、この麺の味のうちです(笑)。

ぬらぬらと赤く輝く麺がたまりません

酒徒のひと言　この料理に使う粉唐辛子は、辛さより香りが重要。理想は秦椒(陝西の唐辛子)で、辛さは控えめだが、香りが素晴らしいのだ。日本で似たものを探すなら、韓国の粉唐辛子がいいかもしれない。

kāiyáng cōngyóu bànmiàn

38

開洋葱油拌麺（干し海老と葱油の和え麺）

醤

身もだえするほど大好きな「単純にして至高」の和え麺

かつて上海で初めて食べたときの興奮を今も忘れられない。

具はねぎと干し海老だけで、第一印象は「地味」。しかし、麺を混ぜたら、印象が一変。碗の中で化学反応でも起きたかのように、暴力的で扇情的な香りが立ち昇ってきたのだ。その正体は、麺の熱で温められた葱油と醤油だれ。茶色く染まった麺をガバリと頬張ると、甘辛い旨味とともに葱油や干し海老の香ばしさが口の中で膨らみ、夢見心地になった。

ありふれた食材ばかりで、こんなに豊かな味を作れるものなのか。下世話で、シンプルで、パワフルで、人間の原始的な食欲をゆさぶる、恐るべき味だ。

即座に心を奪われて、はや20年。今や我が家の不動の定番になった。

用料(材料)

(2人分)
・中華麺(※)…2玉
・葱油…大さじ2弱
・醤油だれ…大さじ2弱
※理想は卵・かん水なしのストレート麺

[葱油]作りやすい分量(4〜5人分)
・小ねぎ…1束(約15本)
・油(理想は菜種油)…100ml

[醤油だれ]作りやすい分量(4〜5人分)
・干し海老…10g
・紹興酒…大さじ2
・油…小さじ1
・醤油(※)…大さじ4
・砂糖…小さじ½
※醤油の半量を老抽(色付け醤油)に変えると、より本場の味に。

做法(手順)

① 下準備する
・干し海老は紹興酒に浸けておく。

② 葱油を作る
・小ねぎは5cm長に切り、白と緑の部分に分ける。
・フライパンに油とねぎの白い部分を入れ、弱火で5分揚げ焼きにする。
・緑の部分を加え、さらに15分ほど揚げ焼きにし、小ねぎが程よく焦げたら、火を止める。

③ 醤油だれを作る
・小鍋に紹興酒からすくい出した干し海老と油を入れて、弱火で軽く炒める。
・残った紹興酒と醤油と砂糖を加え、アルコールが飛んだら火を止める。

④ 茹でる、仕上げる
・中華鍋にたっぷりの湯を沸かして麺を茹で、湯切りして碗に盛る。
・麺に葱油と醤油だれをかけ、小ねぎと干し海老をのせる。
・食べる前に、碗の底から全体をよく混ぜる。

温馨提示
(アドバイス)

・**葱油と醤油だれは多めに作る**
まあまあ手間がかかるので、何回分か作り置きするといい。それぞれ冷蔵で1週間ほど保存可能。

・**小ねぎは弱火でじっくり焦がす**
慌てずに、ねぎの香りと甘味をしっかり出す。

・**とにかくよく混ぜてから食べる**
麺が真っ茶色になってから食べよう。

この麺を食べるときは、**健康や栄養バランスという言葉をいったん忘れて、油たっぷりの甘辛醤油味に没頭しましょう！**
ぐへへへへ！

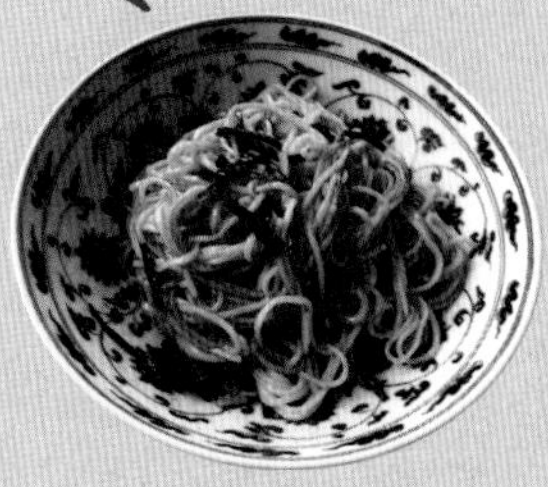

酒徒のひと言　厨房であらかじめ麺とたれをしっかり混ぜてから供する店もあるのだが、そのスタイルだと僕はがっかりする。何故って、麺を混ぜているときに立ち昇る香りもご馳走だから。楽しみを奪われたような気になるのだ(笑)。

39

熱拌蕎麺（麻辣まぜそば）

激辛！爽快！
四川生まれの熱々麻辣蕎麦！

四川省成都で出会った衝撃の一杯。茹でたて熱々の蕎麦を麻辣味に仕立てる驚き。奥行きのあるコク。爽快な酸味。口の中で渦巻く刺激の奔流は、不思議とバランスが取れている。

醤

rèbàn qiáomiàn

用料(材料)

(2人分)
- 蕎麦(※)…200 ～ 250g
- セロリ…½本
- 香菜…1株
- 小ねぎ…1～2本

※理想は、太目で風味が強いもの

[たれ]
- 醤油…大さじ1
- 黒酢…大さじ1と½
- 砂糖…大さじ1と½
- 水…大さじ1
- 辣椒油(P67)…大さじ1
- 花椒油(あれば)…大さじ1
- 白胡麻…少々

做法(手順)

① 下準備をする
- セロリと香菜はみじん切りに、小ねぎは小口切りにする。
- たれの材料をよく混ぜて、半量を蕎麦を盛る碗に入れておく。

② 茹でる、仕上げる
- 中華鍋にたっぷりの湯を沸かして蕎麦を茹で、湯切りして碗に盛る。
- セロリ・香菜・小ねぎを盛り、残りのたれをかける。
- 食べる前に、碗の底から全体をよく混ぜる。

酒徒のひと言　本場四川の「蕎麺」は、押し出し製法。小さな穴が無数に空いた台の上に円柱状の蕎麦生地を置き、てこに似た道具で上から押すと、穴から押し出された生地が麺状となり、そのまま鍋の湯に飛び込む仕組みだ。

40 自製辣椒油（自家製ラー油）

香り、コク、辛さ。どれを取っても市販品とは段違い！

材料さえ揃えれば、作業自体はものの10分。辛い料理に使えば一気に本場の味になり、辛味のない冷菜やスープに数滴たらせば劇的な味変が楽しめるので、汎用性も高い。

醤

zìzhì làjiāoyóu

用料（材料）

・粉唐辛子（※）…80g
・菜種油…240 ～ 300g
・花椒…たっぷり
・白胡麻…たっぷり
※数種類を混ぜるとなおよし

・耐熱の保存容器

［香辛料］いずれも少々
全て揃わなくても可
・桂皮（シナモン）
・乾姜（生姜の根）
・草果（黒カルダモン）
・香果（シャングオ）
・八角（スターアニス）
・山奈（バンウコン）

做法（手順）

① 粉唐辛子は保存容器の中に入れ、混ぜておく。
② 中華鍋に油を入れて火にかけ、油から煙が出る直前で火を止める。
③ 1分経過したら、香辛料を全て入れる。
④ さらに1分後、花椒を入れる。
⑤ さらに1分後、香辛料と花椒を取り除き、白胡麻を入れる。
⑥ ⑤を①の保存容器に注ぎ入れ、よくかき混ぜる。
⑦ 粗熱が取れたら完成。底に沈んだ粉唐辛子ごと使う。

様々な香辛料が奥行きのある香りを生み出します

酒徒のひと言　四川のスパイス農家から知ったシンプルレシピ。時間差で材料を入れるのは、材料を焦がさないようにするためだ。徐々に複雑になっていく香りをかげるのは作る人の特権なので、楽しんでほしい。

column 2

しつこくない！
毎日でも食べたい家中華

「中華料理はしつこい、油っこい」というイメージをお持ちの方も多いと思う。たしかに、日本でも中国でも、レストランの中華料理にはこってりしたものが少なくない。特に都会では、多量の旨味調味料や油でインパクトを狙った料理が、幅を利《き》かせている。そもそも外食産業では、客にひと口目から美味しいと思ってもらうために料理の味付けを濃くしがちなのだ。

でも、そうではない中華料理もある。中国の農村や各家庭で日々作られている料理がそれだ。

僕が特に感銘を受けたのは、雲南の沙渓という村の民宿でおばあちゃんが作ってくれた料理だ。派手さはなく、味付けも極めてシンプルなのに、ただの肉が、野菜が、キノコが驚くほど旨かった。あまりにも旨くて、食事のあとすぐに連泊を決めたほどだ。「これだ！」と思った僕は、同じ感動を求めて中国各地の農村を食べ歩き、たくさんの収穫を得ることができた。

都会でも、各家庭の中にその感動はあった。上海の友人宅でふるまわれた料理には、心底痺れた。毎日近くの市場で仕入れる新鮮な材料とこだわりの自家製調味料で作られた料理は、瑞々しい美味しさに満ちていた。北京や天津の友人宅で頂いた料理も、地味な見た目の中に滋味があった。

それらの料理に共通していたのは、「飾り気がなく、実質的であり、温かい」こと。いくら食べても後味が軽く、毎日でも食べたくなる穏やかな味わいの料理だ。そもそも僕みたいな食いしん坊が食事に求めるものは、色々な料理をたっぷりと食べ続けたあとに訪れる満足感と満腹感だ。ひと口目のインパクトを狙った料理は、途中で飽きが来るので望ましくないのである。

こうして自分が求めるものがはっきりしてからは、各地で感動した味わいを自宅の食卓に再現したくて、料理をしている。

ということで、この本のレシピのコンセプトは、「たっぷり食べられるあっさり味」。皆さんにも楽しんでいただけたら嬉しい。

第三章

菜

野菜の中華

中国の家庭では、野菜をたっぷり食べます。お馴染みの野菜も、切り方・組み合わせ方次第で印象が一変。野菜だけで満足できる「野菜の中華」です。

41

拍黄瓜（きゅうりの冷菜）

菜

きゅうり料理界の横綱！全中国が愛する無敵の冷菜

中国ではひとりとして知らぬ者はいないであろう定番の前菜。

拍黄瓜の「拍」は「(平たいもので)叩く」という意味で、中華包丁の腹で叩いたきゅうりを調味料で和えるだけの簡単極まりない料理だ。

それでいて旨いから、定番になるわけだ。**シャキッとしたきゅうりに酢の酸味、胡麻油の香り、生にんにくの辛味がピリリと効くと、食欲増進効果のカタマリのようなひと皿が完成する。**

こんなに簡単で涼やかな夏の前菜もなかなかないだろう。それどころか、きゅうりの食べ方としては、最高峰の部類だと思っている。

用料(材料)

- きゅうり…2本(約200g)
- にんにく…2片
- 塩…適量(ひとつまみ～お好みで)
- 米酢…小さじ1
- 胡麻油…小さじ2

做法(手順)

① 下準備をする

- きゅうりは皮を何ヵ所か縦に剥き、中華包丁の腹で叩いて全体に割れ目を入れ、4cm幅に切る。
- にんにくはみじん切りにする。

② 和える

- ボウルにきゅうりとにんにくを入れ、塩・米酢・胡麻油を加えて和える。

温馨提示
(アドバイス)

- **叩く工程は決して省かない**

叩くことで調味料がよく馴染むようになる。ただし、きゅうりを細かく割りすぎないよう注意。中華包丁がない場合、すりこぎや麺棒で叩こう。

- **にんにくはたっぷり**

にんにくの辛味が重要なアクセント。

- **塩は多めに**

味が決まりやすい。

- **和えたらすぐ食べる**

塩を入れてからしばらく置くレシピもあるが、僕はすぐ食べるのが好き。パリッとしたきゅうりの食感が活きる。

我が子の大好物。2歳で初めて食べたときから「もういっかい!」とお代わりをねだったほどで、彼が人生で初めて自分で作った料理もこの拍黄瓜になりました(笑)。

夏の間は何度も作ります

酒徒のひと言　横綱のふところは深い。香菜・ピーナッツ・木耳・生唐辛子などを和えたり、辣椒油(P67)や花椒油を加えたり、アレンジはご自由に。ただ、醤油は色味を悪くするので、入れる場合は控えめに。

42

涼拌茄子（蒸し茄子の冷菜）

菜

liángbàn qiézi

飲むかのように食べられる冷やし蒸し茄子

夏に欠かせない定番の冷菜。紫色に輝く茄子の皮が、涼しげで食欲をそそる。

蒸してとろりと甘くなった茄子に、黒酢醤油だれが爽やかさとコクを加え、にんにく・生姜・小ねぎといった薬味部隊が辛味と香りを添える。様々な香りと食感が口の中で渾然《こんぜん》一体となっていき、食べれば食べるほど食欲が高まっていく。

単なる茄子なのに、このご馳走感あふれる食べごたえはどうしたことだろう。毎回箸が止まらなくなり、飲みもののような勢いで食べてしまう。

でも、茄子なので、たっぷり食べても腹にはたまらない。開胃菜（アペタイザー）として、完璧なひと皿なのだ。

用料(材料)

- 茄子…3〜4本(約300g)
- 生姜…1片
- にんにく…2片
- 小ねぎ…3〜4本

[たれ]
- 醤油…適量(大さじ1〜お好みで)
- 黒酢…大さじ½
- 砂糖…ひとつまみ
- 胡麻油…大さじ½

做法(手順)

① 下準備をする
- 茄子は皮ごと細長く切り、塩水(分量外)に浸けておく。皮を上にして皿に並べ、強火で10分蒸し、常温まで冷ます。
- 生姜とにんにくはみじん切りに、小ねぎは小口切りにする。

② たれを作る
- 醤油・黒酢・砂糖・胡麻油をよく混ぜ、生姜とにんにくを加える。

③ 仕上げる
- 茄子を盛り皿に並べ、たれをかけ回し、小ねぎを散らす。

温馨提示
(アドバイス)

・茄子の皮の色止めをしっかりやる

鮮やかな濃紫色が食欲をそそるのだ。「茄子を切ったあと塩水に浸けておくこと」と「皮を上にして蒸すこと」をきちんと守ろう。

・タレの味は気持ち強めでOK

茄子の水気で薄まるので。

・小ねぎを白ねぎに変えても美味しい

白ねぎにする場合は、みじん切りにして、生姜・にんにくと一緒にたれと混ぜる。

どれだけ茄子があっても、この料理があれば大丈夫。茄子がするりと胃袋へすべり落ちていきます!
GOOD!

器選びも楽しみのひとつです

酒徒のひと言 単純な料理だけに、たれの作り方は色々ある。今回はシンプルなものをご紹介したので、アレンジはお好みで。辣椒油(P67)や小口切りの生唐辛子で刺激を足すのもオススメだ。

43

jiǔcài chǎo bòhe

韮菜炒薄荷（ニラとミントの炒めもの）

菜

まさかのミント使い！ ニラ炒めの新しい地平

雲南省昆明市で出会い、鮮烈な感動を味わったひと皿。**ニラとミントを炒めるの!?　と、初めて食べたときは僕だってびっくりした。**アイスの上にちょこんとのせるか、お茶にするくらいのイメージしかなかったミントを炒めものに使うとは。

さらに大きな驚きは、これが実に旨かったことだ。**味の濃いニラとミントの香りがこんなに合うなんて。**それを塩だけの味付けが引き立て、菜種油の香りが彩る。知っている食材が組み合わせ次第で全くの別物に化けることに、大いに感動した。

我が家の定番料理になって、もう十五年以上。材料はニラとミントだけで、作り方は超絶簡単なので、すぐにでも試してほしい。

用料(材料)

・ニラ…2束(約200g)
・好きなミント…適量(20枚～お好みで)
・塩…適量(ひとつまみ～お好みで)
・炒め油(理想は菜種油)…大さじ3

做法(手順)

① 下準備をする

・ニラは5cm幅に切り、ミントは茎を除いて葉だけにする。

② 炒める

・中華鍋を強火で熱して炒め油を馴染ませたら、ニラを入れて炒める。
・ニラがしんなりしてきたら、ミントと塩を入れて炒め合わせる。

温馨提示(アドバイス)

・ニラはたっぷり

旨すぎるので。うっかり1束で作ったら、家族から「これじゃ1人分もないね」と言われたことも(笑)。

・ミントの茎は、しっかり除く

歯触りが悪くなるのだ。シンプルな炒めものはこういうひと手間が大事。

・ミントは入れすぎない

入れすぎると苦くなるので、香り付け程度の量にしよう。

ニラはすぐ火が通るので、「入れて混ぜたらもう終わり」。炒め時間はせいぜい数十秒で、ミントと塩を入れたら5秒でフィニッシュ。瑞々しく仕上げましょう！

酒徒のひと言　風味の強い菜種油を使うと現地の味に近付くので、こだわり派の方はお試し頂きたい。ミントの種類は、雲南の品種を日本で入手するのは困難なため、お好みで。僕は普段スペアミントを使っている。

44

涼拌土豆絲（千切りじゃが芋の冷菜）

菜

千切りが生む新食感！じゃが芋が隠し持つ意外な一面

目隠しして食べたら「え、あなた本当にじゃが芋なの？」と驚くかもしれない。千切りじゃが芋のシャキシャキ食感と酢の酸味が爽やかな冷菜。

liángbàn tǔdòusi

用料(材料)

- じゃが芋…2個（約300g）
- ピーマン（パプリカ）…少々
- 塩…適量（ひとつまみ～お好みで）
- 米酢…小さじ½
- 胡麻油…小さじ2

做法(手順)

① 下準備をする

- じゃが芋は長めの千切りにし、たっぷりの水に10分さらす。
- ピーマンは細切りにする。

② 湯がく

- たっぷりの湯でじゃが芋とピーマンを10秒ほど湯がき、冷水に取り、ざるに上げる。

③ 和える

- じゃが芋とピーマンをボウルに入れ、塩・米酢・胡麻油を加えて和える。

酒徒のひと言　千切りスライサーで気軽に作るのがオススメ。ピーマンの代わりに、刻んだ香菜や小口切りの小ねぎを散らしてもいい。みじん切りのにんにくならワイルドになるし、辣椒油(P67)なら刺激的に。アレンジは自由自在！

45

醋溜土豆絲（千切りじゃが芋の酢炒め）

炒めてもシャキシャキそのまま！爽やかじゃが芋炒め

酢をたっぷり使った爽やかな炒めもの。酢の作用でじゃが芋のシャキシャキ感が高まるそうだ。熱々の千切りじゃが芋も、また美味しい。

cùliū tǔdòusi

用料(材料)

- じゃが芋…２個(約300g)
- ピーマン(パプリカ)…¼個
- にんにく…1〜2片
- 塩…適量(ふたつまみ〜お好みで)
- 米酢…大さじ2
- 炒め油…大さじ2

做法(手順)

① 下準備をする

- じゃが芋は長めの千切りにし、たっぷりの水に10分さらす。
- ピーマンは細切りに、にんにくは薄切りにする。

② 湯がく

- たっぷりの湯でじゃが芋とピーマンを10秒ほど湯がき、冷水に取り、ざるに上げる。

③ 炒める

- 中華鍋を強火で熱し、炒め油をよく馴染ませる。
- にんにくを入れて香りを出し、じゃが芋とピーマンを入れる。
- 塩と米酢を加え、炒め合わせる。

菜

酒徒のひと言　じゃが芋とピーマンには火が通っているので、サッと炒めれば十分。特に、酢を入れたあとは酢の風味が飛ばないうちに手早く仕上げよう。シャキシャキじゃが芋の美味しさは、もっと日本に広まるべきだと思っている。

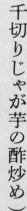

46

葱油蚕豆（空豆の葱油炒め）

菜

単純にして至高の空豆中華

つやつやとした葱油をまとって翡翠《ひすい》のように輝く空豆。実に艶めかしく、天下無敵の旨さを誇る。ただの空豆が、押しも押されぬメインディッシュになるのだ。

用料(材料)

- 空豆…たっぷり(50 ～ 60粒)
- 小ねぎ…5～6本
- 塩…適量(ひとつまみ～お好みで)
- 水…大さじ2
- 炒め油(理想は菜種油)…大さじ2

做法(手順)

① 下準備をする

- 小ねぎは小口切りにし、空豆はさやから出す(薄皮はそのまま)。

② 小ねぎを炒める

- 中華鍋に炒め油と小ねぎを入れ、弱火でじっくり炒めて香りを出し、小ねぎが一部焦げ始めるまで炒める。

③ 空豆を炒める

- 空豆を炒め合わせ、分量の水を注ぎ、塩を加える。
- ふたをして強火にし、たまに鍋をゆすりながら3分ほど蒸し炒めにする。
- ふたをとって、水気が飛び、全体が艶やかになるまで炒める。

酒徒のひと言

春の上海に欠かせない旬のひと皿。市場の八百屋で作り方を教わったのは、もう15年以上前のこと。以来、酒徒家では、空豆と言えばまずこの料理。毎年何度も作る超定番だ。嗚呼、全世界の空豆好きに伝えたい。

47 涼拌青椒西紅柿（青唐辛子とトマトの冷菜）

青唐辛子も種ごと食べる！口の中で弾ける香りと辛味！

liángbàn qīngjiāo xīhóngshi

単なるサラダかと思いきや、舌に走る衝撃。そう、この料理と出会った湖南省では、「青椒」は青唐辛子を意味するのだ。鮮烈な刺激がクセになる湖南式トマトサラダ。

用料(材料)

- トマト…2～3個（約300g）
- 玉ねぎ…¼個（約80g）
- 青唐辛子（生）…適量
- 塩…適量（ひとつまみ～お好みで）
- 米酢…小さじ1
- 胡麻油…小さじ2

做法(手順)

① 下準備をする

- トマトと玉ねぎはみじん切りに、青唐辛子は小口切りにする。

② 和える

- 切った材料を全てボウルに入れ、塩・米酢・胡麻油を加えて和える。

酒徒のひと言　これだけ単純な料理に正解などないし、適当に作っても旨いので、あれこれ考えずに好きに作るべし。味のバランスは、「うひー！ 辛い！ でも爽やか！」くらいを目指すといい。冷えたビールがよく合う。

48

黄豆拌青菜

（大豆とチンゲン菜の冷菜）

「ケ」の料理の実力を見よ！
地味さの中に潜む美味しさ

なんてことのない冷菜だが、シャキッとしたチンゲン菜と大豆の相性が素晴らしく、箸が止まらなくなる。今回は「基本版」と西安のムスリム食堂で出会った「西安版」をご紹介。

菜

huángdòu bàn qīngcài

用料（材料）

- 大豆（ドライパック）…1袋（約60g）
- チンゲン菜…2株（約250g）

[基本版]

- 塩…適量（ひとつまみ〜お好みで）
- 米酢…小さじ1と½
- 醤油…少々
- 胡麻油…小さじ2

做法（手順）

① 下準備をする

- 塩分1％の湯でチンゲン菜の茎を10秒茹で、全体を入れてさらに20秒茹でる。
- チンゲン菜を冷水にとり、よく水気を絞る。
- 大豆と同じくらいの大きさに刻み、もう一度水気を絞る。

② 和える

- 大豆とチンゲン菜をボウルに入れ、塩・米酢・醤油・胡麻油を加えて和える。

[西安版] さらに以下を加える

- 青唐辛子（生）…1〜2本（小口切り）
- 花椒油…小さじ1（胡麻油は小さじ1に減らす）

酒徒のひと言

チンゲン菜をサッと茹で、しっかり水気を絞るのが、美味しさのポイント。ちびちびつまみながら酒を飲むも良し、ご飯にのせてガバリとやるも良し。

49
乾隆白菜（胡麻だれ白菜）

皇帝が愛した料理？真偽はともあれ「旨い」は正義！

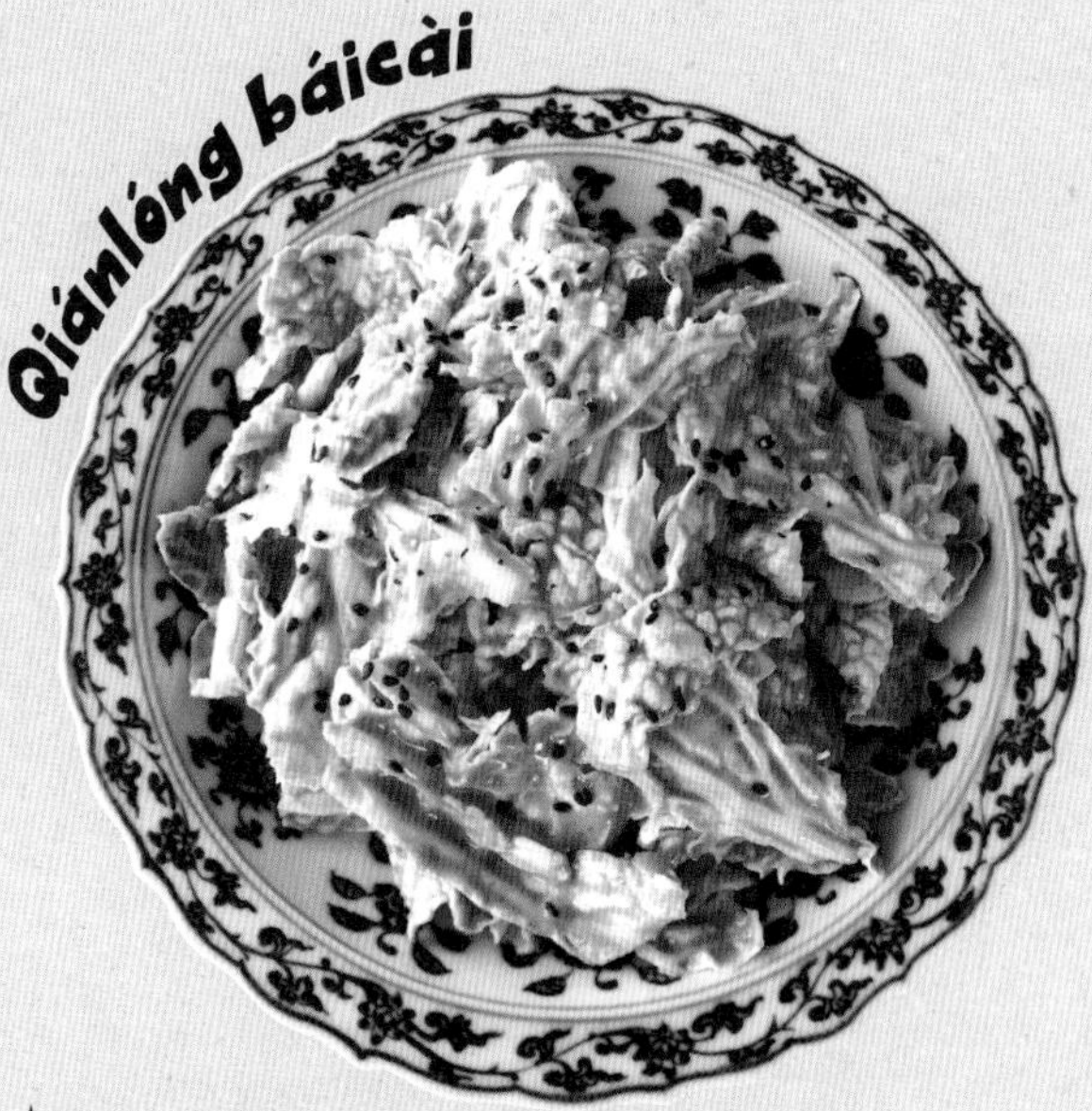

清朝の名君・乾隆帝がお忍びで街に出たときにこの料理を褒めたとされる。恐らく後世の創作だが、ねっとりした胡麻だれが白菜にからみ、誰もが笑顔になる旨さなのは確かだ。

用料(材料)

- 白菜の葉（※）…数枚（約200g）
- 黒胡麻…少々

※白菜の茎は別の料理に。葉だけの方が美味しい。

［たれ］
- 芝麻醤（ねりごま）…40g
- 醤油…小さじ½
- 黒酢…小さじ½
- 蜂蜜…小さじ½
- ぬるま湯…適量
- 胡麻油…小さじ½
- 塩…適宜（味見してからお好みで）

做法(手順)

① 下準備をする
- 白菜の葉をひと口大にちぎり、よく水気を切る。

② たれを作る
- 大きなボウルに芝麻醤・醤油・黒酢・蜂蜜を入れ、ぬるま湯を少しずつ加えながら混ぜる。
- スプーンからボタッと落ちるくらいの粘度になったら、胡麻油を加えて混ぜる。

③ 和える
- ボウルに白菜を加えて手でたれを揉み込むようによく和え、塩で味を調える。
- 皿に盛り、黒胡麻を散らす。

菜

酒徒のひと言　これまた地味だが旨い北京の冷菜。胡麻だれをドレッシングのようにトロトロにしてはいけない。白菜にねっとりからみつく様子をイメージしよう。また、必ず手で和えること。箸やトングでは、しっかりからまない。

50

涼拌意大利瓜（千切りズッキーニの冷菜）

菜

爽快な刺激！　ペロリといける生ズッキーニの冷菜

liángbàn yìdàlìguā

生のズッキーニを千切りにして和えるだけでこの旨さ、最強すぎる。唐辛子の辛味やにんにくの香りに背を押され、一気にズビズバー！　たっぷり作って豪快に食べよう。

用料(材料)

・ズッキーニ（※）…1本（約200g）
・にんにく…1片
・生唐辛子…1〜2本
・小ねぎ…1本
・塩…適量（ひとつまみ〜お好みで）
・砂糖…ひとつまみ
・米酢…小さじ½
・醤油…少々
・胡麻油（花椒油でも可）…小さじ2

※本場では西葫蘆（韓国ズッキーニ）を使う。

做法(手順)

① 下準備をする

・ズッキーニは千切りスライサーで皮ごと千切りにする。ボウルに入れて塩を加えて和え、5分ほど置く。
・にんにくはみじん切りに、生唐辛子と小ねぎは小口切りにする。

② 和える

・ズッキーニから出た水をよく絞り、砂糖・米酢・醤油・胡麻油を加えて和える。
・味を決めたら、にんにく・生唐辛子・小ねぎを加えて和える。

酒徒のひと言　中国では、冷菜の定番。細切りにするだけで、生でもたっぷり食べられる。皆で食べると奪い合い必至なので、冷やし中華のように一人一皿作ってたらふく食べるのもオススメ。暑い夏、火を一切使わずに作れるのもいい。

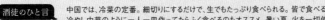

51

手撕包菜（ちぎりキャベツの炒めもの）

shǒusī bāocài

食べごたえ抜群！キャベツの山が瞬時に消える

甘辛酸っぱい醤油味が、この料理の特徴。味が染みにくいキャベツには、しっかりした味付けがハマるのだ。キャベツを炒めるだけなのに、やたらとビールにも合うのが嬉しい。

用料(材料)

・キャベツの葉（※）…半玉分（約300 ～ 350g）
・にんにく…1片
・干し唐辛子…2～3本
・醤油…大さじ1
・黒酢…大さじ½
・砂糖…小さじ1
・炒め油…大さじ2
※キャベツの茎は別の料理に。葉だけの方が断然美味しい。

做法(手順)

① 下準備をする

・キャベツの葉はひと口大にちぎる。
・にんにくは包丁の腹で潰す。
・醤油・黒酢・砂糖を混ぜておく。

② 炒める

・中華鍋を強火で熱し、炒め油をよく馴染ませる。
・にんにくと干し唐辛子を入れて香りを出し、キャベツの葉を加え、葉がくたっとするまで炒める。
・混ぜておいた調味料を全体にかけ回し、キャベツにからめる。

菜

酒徒のひと言　キャベツは必ず手でちぎろう。包丁で切るより、調味料がよくからむ。元々は激辛の湖南料理なので、辛さはお好みで。現地では小口切りの生唐辛子や花椒の粒を入れることもある。強い刺激を求める人はやってみよう。

52

土豆燉南瓜（じゃが芋とかぼちゃの醤油煮）

菜

2種類のホクホク感を同時に味わう醍醐味

腹持ちがいい二つの食材を八角風味の醤油味で煮るだけという、いかにも東北地方らしい素朴な料理だが、こういう料理が旨いのだ。似て非なるホクホク感が口の中で楽しく踊る。

tǔdòu dùn nánguā

用料(材料)

- じゃが芋…400g
- かぼちゃ…400g
- 白ねぎ…5cm
- 生姜…1片
- 八角…1個
- 小ねぎ…1～2本
- 醤油…適量(大さじ1～お好みで)
- 塩…ひとつまみ
- 炒め油…大さじ2

做法(手順)

① 下準備をする

- じゃが芋は皮を剥き、大きめの乱切りにして、水にさらす。
- かぼちゃは皮ごと大きめの乱切りにする。
- 白ねぎと生姜は薄切りに、小ねぎは小口切りにする。

② 炒める

- 中華鍋を強火で熱し、炒め油をよく馴染ませる。
- 白ねぎ・生姜・八角を入れて香りを出したら、じゃが芋とかぼちゃを加える。
- 全体に油が回ったら、醤油を入れて炒め合わせる。

③ 煮る

- ひたひたの水を注ぎ、塩を加えてふたをする。沸騰したら弱中火にして、15 分ほど煮る。
- じゃが芋とかぼちゃが柔らかくなったらふたをとって強火にする。
- 全体を混ぜながら汁気を程よく飛ばし、小ねぎを散らす。

酒徒のひと言　じゃが芋とかぼちゃは大きめに切って、たっぷり作ろう。豪快さこそが東北料理の醍醐味だ。但し、この料理では醤油の量は控えめに。じゃが芋とかぼちゃの色味が悪くなり、素材の甘味が隠れてしまう。

53

糊南瓜（かぼちゃの米粉炒め）

菜

「中国で最も美しい農村」で出会った素朴な美味しさ

hù nánguā

石造りの古建築が建ち並び、春先には菜の花が村中に咲き誇る江西省婺源《ぶげん》。その名物料理が、食材を炒め煮にしてからつぶし、米粉でとろみをつける「糊菜」だ。

用料(材料)

- かぼちゃ…約500g
- にんにく…1片
- 小ねぎ…1〜2本
- 水…200ml
- 塩…適量(ひとつまみ〜お好みで)
- 米粉…大さじ2
- 炒め油(菜種油が理想)…大さじ2

做法(手順)

① 下準備をする

- かぼちゃは皮を剥いて薄切りに、にんにくはみじん切りに、小ねぎは小口切りにする。

② 炒め煮にする

- 中華鍋を強火で熱し、炒め油をよく馴染ませる。
- にんにくを入れて香りを出したら、かぼちゃを加えて炒め合わせる。
- 分量の水を注いでふたをし、弱中火で５分ほど煮る。

③ 仕上げる

- ふたをとり、ヘラでかぼちゃをつぶして、塩と米粉を加える(水気が足りなければ、適宜足す)。
- 全体にとろみがつくまで炒め、小ねぎを散らす。

酒徒のひと言　婺源には「無蔬不可糊（糊菜にできない野菜はない）」という言葉があり、青菜・大根・冬瓜・豆腐など、様々な食材を「糊菜」にする。米粉ならではのほんのりしたとろみが特徴で、素朴な美味しさの虜《とりこ》になること請け合い。

54

葱油蘿蔔絲（千切り大根の葱油和え）

菜

シンプルな調理で素材の力を引き出す、江南料理の真骨頂

食材は大根と小ねぎだけ、調味料は塩と油だけ。それなのに大根の魅力が何倍にも高められていることに驚く。余計なものをそぎ落とした、組み合わせの妙。

cōngyóu luóbosi

用料（材料）

- 大根…400g
- 小ねぎ…2〜3本
- 塩…4g（大根の重量の1%）
- 油（理想は菜種油）…大さじ1と½

做法（手順）

① 下準備をする

- 大根は千切りにし、塩を揉み込んで30分以上置く。
- 小ねぎは小口切りにする。

② 和える

- 強く絞って水気を切った大根と小ねぎをボウルに入れる。
- 小鍋で油を煙が出るまで熱し、ボウルに注いで、全体をよく和える。

酒徒のひと言　熱した油で小ねぎの風味を高める「葱油」という調理法は、江南地方で多用される。中でも大根との相性は抜群。葱油をまとってつやつやと輝く大根は、驚くほどするすると胃に納まる。たっぷり作ろう。

55

涼拌胡蘿蔔絲（千切りにんじんの冷菜）

菜

にんじんの甘さ際立つ中華なキャロットラペ

liángbàn húluóbosi

よく見るキャロットラペかと思いきや、黒酢・胡麻油・香菜・白髪ねぎといった面々がにんじんの甘味を引き立てて、口の中に中国大陸の風が吹き抜ける。

用料(材料)

- にんじん…1本
- 白ねぎ…7 ～ 8cm
- 香菜…少々
- 塩…適量（ひとつまみ～お好みで）
- 黒酢…小さじ½
- 胡麻油…小さじ2

做法(手順)

① 下準備をする

- にんじんは長めの千切りにし、塩を揉み込み、10分置く。
- 香菜はざく切りにし、白ねぎは白髪ねぎにする。

② 和える

- にんじんの水気をよく絞り、黒酢・胡麻油を加えて和える。
- さらに香菜と白髪ねぎを加えて混ぜ、皿に盛る。

酒徒のひと言　一年中常備可能なにんじんで作れるので、「あと一品」に重宝する。千切りスライサーがあればさっと作れて、火も不要。にんじんの水気をしっかり絞ると、よく味がからむ。ちょいとつまめば、あぁ旨い。

56

西芹百合（セロリとゆり根の炒めもの）

xīqín bǎihé

鮮やかな色味と食感！
セロリとゆり根の最強コンビ

菜

ゆり根。日本ではそれほど日常的な食材ではないように思うが、中国ではたくさん出回っていて、炒めもの、スープ、粥《かゆ》、甘味など様々に用いられている。

僕がゆり根の中華料理と言われて真っ先に思い出すのは、江南地方の名菜・西芹百合だ。ゆり根とセロリを炒め合わせるだけだが、純白のゆり根と翡翠色のセロリの組み合わせが美しく、食欲をそそる。食感の対比も楽しく、ホクホクのゆり根とパキッとしたセロリが口の中で躍り出すと、思わず頬がゆるむ。

肉気が一切入らなくても、充実の食べごたえ。野菜をたっぷり美味しく食べることに長《た》けた中華料理の魅力がギュッと詰まったひと皿だ。

用料(材料)

・ゆり根…2株(約150g)
・セロリの茎(※)…1〜2本(約150g)
・にんじん…少々
・塩…適量(ひとつまみ〜お好みで)
・炒め油…大さじ2
※セロリの葉は別の料理に。茎だけの方が断然美味しい。

做法(手順)

① 下準備をする

・ゆり根は一枚一枚剥がしてよく洗い、黒い部分は包丁で削り落とす。
・セロリの茎はひと口サイズの斜めぶつ切りにする。
・にんじんは菱形に切る(斜めの筒切りにし、切断面を下にして薄切りにする)。

② 下茹でする

・中華鍋にたっぷりの湯を沸かし、湯の1%の塩(分量外)を溶かす。
・ゆり根を入れて30秒ほど茹で、セロリとにんじんを加えてさらに30秒ほど茹でる。
・ざるに上げて、水気を切る。

③ 炒める

・鍋を強火で熱して炒め油を馴染ませたら、中火にしてゆり根・セロリ・にんじんを入れて炒める。
・ゆり根が好みの食感になったら、塩で味を調える。

温馨提示
(アドバイス)

・ゆり根の下処理は丁寧に

外側からやさしく一枚ずつはがす。茶色くなっている部分はきちんと削り落とした方が見栄えがいい。

・下茹でしすぎない、炒めすぎない

セロリのパキッと感を残そう。

・ゆり根の炒め具合はお好みで

炒めるのが短ければシャキッ、長ければホクホク。好きなところで仕上げよう。僕はホクホク派。但し、炒めすぎると崩れる。

材料を下茹ですることで、色鮮やかに仕上がりますよ。塩だけの味付けが、ゆり根の甘味を引き立てます！

酒徒のひと言　あとひと手間をかける余裕があるときは、最後に水溶き片栗粉でとろみをつけると、全体に塩味がなじむ。

57

生拌茼蒿（生春菊の冷菜）

菜

shēngbàn tónghāo

生春菊の瑞々しさを刺激的に味わおう

春菊の葉は、生で食べると香りとほろ苦さを爽やかに味わえる。そこに黒酢やにんにく・生唐辛子を合わせると、刺激的な中華サラダの爆誕だ。意外にも、油は一切使わない。

用料(材料)

- 春菊の葉（※）…1束分（約100g）
- にんにく…1～2片
- 生唐辛子…適量
- 黒酢…小さじ1
- 醤油…小さじ1
- 砂糖…ひとつまみ
- 塩…適宜（味見してからお好みで）

※春菊の茎は、別の料理に。にんにくと塩で炒めると旨い。

做法(手順)

① 下準備をする

- 春菊の葉は一枚ずつ茎からはずし、よく水気を切る。
- にんにくはみじん切りに、生唐辛子は小口切りにする。

② 和える

- 大きなボウルに黒酢・醤油・砂糖を入れてよく混ぜる。
- 春菊の葉・にんにく・生唐辛子を加えて和え、塩で味を調える。

酒徒のひと言 中国では野菜を生食する習慣がそれほどない。この料理は数少ない例外のひとつだが、日本ではあまり生食しない春菊を使うのが面白い。生唐辛子は省いても良いが、鮮烈な辛味も大きな魅力なので、辛党の人は是非。

58

蒜蓉炒茼蒿（春菊のにんにく炒め）

香るにんにく！パパッと作れるつややか春菊炒め

春菊のシャキッとした食感とほろ苦さに、にんにくの風味が抜群に合う。ものの5分で作れて、驚くほどの量もペロリ。野菜補給の強い味方だ。

菜

suànróng chǎo tónghāo

用料（材料）

- 春菊…2束（約400g）
- にんにく…2〜3片
- 塩…適量（ひとつまみ〜お好みで）
- 炒め油…大さじ2

做法（手順）

① 下準備をする

- 春菊を茎と葉に切り分け、にんにくをみじん切りにする。

② 炒める

- 中華鍋を強火で熱し、炒め油をよく馴染ませる。
- にんにくを入れて香りを出し、春菊の茎を入れる。
- 茎に油が回ったら、葉を入れる。
- 葉がちぢんできたら、塩で味を調える。

酒徒のひと言

ポイントは、にんにくをたっぷり入れることと、終始強火で炒めること。炒めすぎると春菊から水が出てベシャッとするので、短時間でサッと仕上げよう。春菊は加熱するとかさが減るので、たっぷり用意すべし。

column 3

難しくない！
誰でも作れる家中華

「中華料理を家庭で作るのは難しそう」というイメージも根強いようだ。燃え上がる火の上で中華鍋を振るい、中華お玉で何種類もの調味料を操るコックの姿を思い浮かべる人も多いことだろう。たしかに中華料理には、プロにしか作れないような難しい料理や、珍しい調味料や食材を使う料理もたくさんある。

しかし、そういう料理はプロに任せておけばいいのだ。和食でも、僕らが鮨や懐石料理はプロに任せて家では味噌汁や肉じゃがを作るように、中華料理にも、誰もが作れる家庭料理の世界がある。

僕が最初に衝撃を受けたのは、上海の友人宅。設備は、マンションの一室の普通のキッチン。使うのは、中華鍋と中華ヘラだけ。大きく鍋を振るわけでもなく、淡々と料理しているように見えたが、出てきた料理は目を見開くほど美味しくて、「家でもこんなに美味しい中華が作れるんだ！」と感動した。

レシピに何度か登場する知り合いのおばちゃんの料理も、僕を大いに刺激した。手順は単純だし、材料はありふれたものだし、使う調味料は塩だけなんてものも多いのに、どれもがきちんと本場の味になるのだ。「これなら僕でも作れるかも」と思わせてくれた。

そして、いざ作り始めたら、思いのほか美味しくできたのだ。そりゃ旅先で感動した絶品と全く同じとはいかないが、家族も旨い旨いと満足げに食べてくれた。「これでいいんだな、これで」と納得した僕は、時間や手間がかからない料理から優先してレパートリーを増やしていった。

そんなわけで、決して難しくない家中華。プロの料理人ではない僕が作っても、日々の食卓が楽しみになる程度の料理は作れているので、皆さんも気軽に試してみてほしい。

第四章

茹

茹でる中華

あるときはサッ、あるときはじっくり。「茹でる中華」は、素材に合わせた茹で時間で瑞々しさを際立たせ、様々なたれや薬味で味わいを七変化させます。

59

白切鶏（茹で鶏）

báiqiēji

広東の鶏料理の王様！鶏の全てをそのまま味わおう

茹

広東には「無鶏不成宴（鶏料理がないと宴席が成り立たない）」という言葉がある。つまりはそれほど鶏料理を重要視しているのだ。そして、数ある鶏料理の中でも王座に君臨するのが、このシンプルな白切鶏である。

きちんと茹でた鶏は、しっとりした肉はもちろん、艶やかな皮やその下のゼラチン質、骨周りの軟骨など全てがご馳走になる。「原汁原味（素材の持ち味をそのまま味わう）」を重んじる広東料理の精神にピタリと合致している料理だ。

骨周りの肉に夢中でかじりついていると、鶏を味わう醍醐味《だいごみ》とはこういうことだなと思う。

酒徒のひと言　中華包丁で骨ごと鶏を叩き切る過程は、最初は僕もビビった。でも、慣れるとストレス解消になるし（笑）、上手く切れるとテンションが上がる。「刃元で切る」ことを意識したら一気に上達したので、是非お試しあれ。

用料（材料）

- 骨付き鶏もも肉…2本
- 水…3000ml
- 白ねぎ（緑の部分）…1本分
- 生姜…小1個（約50g）
- 香菜…少々

［たれ］
- 塩…適量（ひとつまみ～お好みで）
- 生姜…小1～2個
- 小ねぎ…1本
- 油（理想はピーナッツ油）…大さじ2

做法（手順）

① 茹でる
- 大鍋に分量の水・白ねぎ・生姜を入れて強火にかけ、沸騰したら鶏肉を入れて、ふたをする。
- 再沸騰したら弱火にして5分茹でて、火を止め、ふたをしたまま30分以上置く。

② たれを作る
- 生姜はすりおろして余分な水気を捨て（絞らない）、小ねぎは小口切りにする。
- 生姜・小ねぎ・塩をよく混ぜ、煙が出るまで熱した油を加えてさらによく混ぜ、小皿に盛る。

③ 仕上げる
- 大鍋から鶏肉を取り出して冷水（分量外）に浸し、鶏肉が完全に冷めたら、水気をふき取る。
- 中華包丁で鶏肉を骨ごと叩き切り、皿に盛る。 香菜を飾り、たれの小皿を添える。

温馨提示（アドバイス）

- **グラグラ茹でない**
  静かに茹で、余熱でゆっくり火を通すからこそ、しっとりと仕上がる。
- **鶏肉を冷やす水は、頑張れるなら氷水で**
  急激に冷やすと皮が艶やかに仕上がるそうだ。
- **完全に冷ましてから切る**
  そうしないと、切るときに身が崩れる。
- **中華包丁の刃元で切る**
  刃元で骨を断つ気持ちで、思い切り振り下ろそう。 刃先で切ろうとすると、骨が断てない。
- **茹で汁は絶対に捨てない！**
  茹で汁を再沸騰させ、アクと表面に浮いた油をすくい取って弱火で軽く煮詰めると、良い出汁になる。

手順が多そうに見えますが、実際は鶏肉を湯の中に入れて放置するだけ！　茹でた鶏は様々な料理に展開できますし（P96～99）、茹で汁はスープの出汁としても使えます（P106～108）。また、茹で汁でご飯を炊いて鶏肉をのせれば、海南鶏飯になります！

シンプルな生姜だれが鶏肉を引き立てます

酒徒のひと言
白切鶏のたれは地域ごとに様々な種類があるが、今回は基本の姜蓉醤（生姜だれ）をご紹介。本場と同じ味を求めるなら、たれの油はピーナッツ油を使おう。油の香りが肝なのだ。

60

檸檬鶏（レモン鶏）

茹

食べれば心は桃源郷へ！
魅惑の雲南式鶏サラダ

食の桃源郷・雲南省西双版納《シーサンパンナ》に住むダイ族の名物料理だ。柑橘の絞り汁や様々な香草の爽やかな香りと生唐辛子の激しい辛味が、鶏肉を鮮やかに彩る。

níngméngjī

用料(材料)

- 骨付き鶏もも肉…2本
- 水…3000ml
- 白ねぎ(緑の部分)…1本分
- 生姜…小1個(約50g)
- 塩…適量(ふたつまみ～お好みで)
- 砂糖…小さじ1

［薬味］
- 香菜…1株
- 小ねぎ…1～2本
- 生唐辛子…3～4本
- タイライム(ライムでも可)…3～4個
- ミント(あれば)…少々
- 生レモングラス(あれば)…少々
- にんにく(お好みで)…1片
- 生姜(お好みで)…1片

做法(手順)

① 鶏を茹でる、ほぐす
- 鶏肉は白切鶏(P94)の通りに茹でて冷ます。
- 鶏肉の水気をふき取り、骨を外し、手で細かくほぐしてボウルに入れる。

② 和える
- 薬味は全て荒めのみじん切りにし、鶏肉のボウルに入れる。
- タイライムは飾り用に数枚を輪切りにし、残りはボウルに絞り入れる。
- ボウルに塩と砂糖を加えてよく和える。

③ 仕上げる
- 皿に盛り、輪切りにしたタイライムを飾る。

酒徒のひと言
柑橘の爽やかさや生唐辛子の辛味が、中華料理というより東南アジアの料理を思わせる。それもそのはず、西双版納はタイ・ラオス・ミャンマーと極めて近い位置関係にあるのだ。国を越えて、料理は繋がっている。

61

酔鶏

（よっぱらい鶏）

時間こそが最良の調理師！
馥郁《ふくいく》たる香りに酔いしれよう

紹興酒で鶏を酒びたしにして作る江南地方の名酒肴だ。しっとりとした鶏肉に紹興酒と香辛料の風味が程よく染みて、ひと口ひと口をしみじみ味わいたくなる。

用料(材料)

- 骨付き鶏もも肉…2本
- 水…3000ml
- 白ねぎ（緑の部分）…1本分
- 生姜…小1個（約50g）
- 香菜…少々

［漬け汁］

- 鶏の茹で汁…400 ～ 500ml
- 紹興酒…400 ～ 500ml
- 塩…適量（小さじ1～お好みで）
- 砂糖…小さじ2
- 八角…2個
- 肉桂…1片
- 香葉（月桂樹の葉）…1枚

做法(手順)

① 茹でる

- 鶏肉は白切鶏（P94）の通りに茹でて冷ます。

② 漬け汁を作る

- 茹で汁を別鍋に取り、八角・肉桂・香葉を入れて火にかける。
- 沸騰したら弱火で少し煮て、塩・砂糖を溶かし、火を止める。常温まで冷ましたら、紹興酒を注ぎ入れる。

③ 漬ける

- 二重にしたポリ袋に鶏肉を入れて、漬け汁を注ぐ。
- 袋の口を結び、冷蔵庫で１日以上寝かせる。

④ 仕上げる

- 鶏肉を取り出して水気をふき取り、中華包丁で骨ごと叩き切る。
- 皿に盛り、香菜を飾る。

酒徒のひと言　漬け汁と紹興酒の比率は1：1が目安。こうすると、下戸の人は数切れでほろ酔いになるくらい紹興酒の風味が強くなるが、まあ、これはそういう料理なのである（笑）。合わせる酒は、もちろん紹興酒一択だ。

62

葱油鶏

（茹で鶏の葱油だれ）

茹

緑鮮やかな葱油が艶やかに鶏肉を彩る

この料理の魅力は、葱油。とろりとして香り高い葱油がしっかりと鶏肉にからみつき、白切鶏とはまた別の美味しさが生まれる。翡翠色のねぎが瑞々しく輝き、目にも美しい。

用料(材料)

- 骨付き鶏もも肉…2本
- 水…3000ml
- 白ねぎ（緑の部分）…1本分
- 生姜…小1個（約50g）

［葱油］
- 小ねぎ…8～10本
- 生姜…2片
- 塩…適量（ふたつまみ～お好みで）
- 油（理想は菜種油）…大さじ3

做法(手順)

① 鶏を茹でる
- 鶏肉は白切鶏（P94）の通りに茹でて冷ます。

② 葱油を作る
- 小ねぎは小口切りに、生姜はみじん切りにしてボウルに入れる。
- 塩を入れ、煙が出るまで熱した油を加えてよく混ぜる。

③ 仕上げる
- 鶏肉の水気をふき取り、中華包丁で骨ごと叩き切る。
- 皿に盛り、葱油をかけ回す。

酒徒のひと言　これも江南地方の名菜。単なる小ねぎがご馳走ソースに化けるのがすごい。酔鶏と違って酒を飲まない人や子供でも食べられるので、使い勝手が良い一皿。もちろん酒にも合い、紹興酒との相性は抜群だ。

63

口水鶏（よだれ鶏）

茹

真っ赤な激辛ソースに喜びの悲鳴を上げよう

「よだれ鶏」の名で日本でも知名度が高まってきた四川料理の定番冷菜。真っ赤な海に浮かぶ鶏肉をひと口かじれば、激しい辛味と豊かな旨味が口の中でドカンと弾ける。

用料(材料)

- 骨付き鶏もも肉…2本
- 水…3000ml
- 白ねぎ(緑の部分)…1本分
- 生姜…小1個(約50g)
- 香菜…少々
- ピーナッツ(細かく砕く)…少々
- 白胡麻…少々

［たれ］
- 鶏の茹で汁…30ml
- 辣椒油(P67)…大さじ4
- 醤油…大さじ2
- 黒酢…小さじ2
- 砂糖…小さじ2
- 塩…適量(ふたつまみ～お好みで)

做法(手順)

① 茹でる
- 鶏肉は白切鶏(P94)の通りに茹でて冷ます。

② たれを作る
- たれの材料を全てよく混ぜる。

③ 仕上げる
- 鶏肉の水気をふき取り、中華包丁で骨ごと叩き切る。
- 皿に盛り、たれをかけ回す。ピーナッツと白胡麻を散らし、香菜を飾る。

酒徒のひと言　たれを作って茹で鶏にかけるだけだから、作るのは超簡単。でも、「こういう四川料理って家でも作れるんだ！」と驚いてくれる人が多いので、宴会料理にも向いている。辛さに悲鳴を上げた舌に冷たいビールを流し込もう。

64

白灼生菜（広東式・レタスの湯引き）

茹

広東料理のド定番！ レタスはサッと湯がいて熱々を食べよう

広東が誇る優れた調理法「白灼（茹でる）」。食材をサッと茹でて醤油だれをかけるだけで、食材の魅力がグンと引き出される。特にご馳走感が出るのが、この茹でレタスだ。

báizhuó shēngcài

用料（材料）

・レタス…半玉（150 ～ 200g）
・油…ひと回し

［たれ］
・生姜…1片
・油…大さじ1
・醤油…大さじ1
・砂糖…小さじ2～3
・水…大さじ１と½

做法（手順）

① たれを作る
・生姜は薄切りにする。
・小鍋に生姜・油を入れ、弱火で香りを出し、醤油・砂糖・水を加えてよく混ぜる。
・軽く煮詰めたら、火を止める。

② 茹でる
・レタスの葉を一枚一枚はがす。
・鍋にたっぷりの湯を沸かし、湯の１％の塩（分量外）を溶かす。
・レタスを入れ、すぐに油を注いで10秒ほど茹で、ざるに上げて水気を切る。

③ 仕上げる
・レタスを皿に盛り、たれをかけ回す。

酒徒のひと言　レタスは千切らずに大きいまま湯がくのが、本場式。とにかく茹ですぎは禁物で、シャキッとした食感を残すのがコツだ。ピーナッツ油を使うと、より本場らしい風味に。尚、オイスターソースだれにすると香港式になる。

65

白灼菜心（広東式・菜の花の湯引き）

菜の花の美味しい食べ方
優勝最有力候補！

báizhuó càixīn

「白灼（茹でる）」は、春の味覚・菜の花との相性も抜群だ。シャキッと茹で上げた菜の花にはほろ苦さの中に甘味があって、甘辛醤油だれに素晴らしく合う。

茹

用料（材料）

- 菜の花…1束（約200g）
- 油…ひと回し

［たれ］

- 生姜…1片
- 油…大さじ1
- 醤油…大さじ1
- 砂糖…小さじ2～3
- 水…大さじ1と½

做法（手順）

① たれを作る

- 生姜は薄切りにする。
- 小鍋に生姜・油を入れ、弱火で香りを出し、醤油・砂糖・水を加えてよく混ぜる。
- 軽く煮詰めたら、火を止める。

② 茹でる

- 鍋にたっぷりの湯を沸かし、湯の1％の塩（分量外）を溶かす。
- 菜の花を入れ、すぐに油を注いで30秒ほど茹で、ざるに上げて水気を切る。

③ 仕上げる

- 菜の花を皿に盛り、たれをかけ回す。

酒徒のひと言

広東で最もポピュラーな野菜・菜心（サイシン）。広東在住時は、酒徒家の食卓でも常連だった。菜の花にとても良く似ているため、広東生活を懐かしみ、帰国後も菜の花を使って作り続けているひと皿。

66

白灼秋葵（広東式・オクラの湯引き）

báizhuó qiūkuí

茹でオクラの新たな一面！すっかり中華な味わいに

丸ごと茹でた熱々のオクラに、にんにく醤油だれをジャー！シャッキリオクラがにんにくの香りをまとうと、一気に中華料理の顔になる。ビールのお供にもなるオクラ料理。

茹

用料（材料）

・オクラ…1 ～ 2袋
・油…ひと回し

［たれ］
・にんにく…1片
・油…大さじ1
・醤油…大さじ1
・砂糖…小さじ2～3
・水…大さじ1と½

做法（手順）

① たれを作る
・にんにくはみじん切りにする。
・小鍋ににんにく・油を入れ、弱火で香りを出し、醤油・砂糖・水を加えて、よく混ぜる。
・軽く煮詰めたら、火を止める。

②茹でる
・オクラは、ヘタとガクを取り除く。
・鍋にたっぷりの湯を沸かし、湯の1%の塩(分量外)を溶かす。
・オクラを入れ、すぐに油を注いで1分ほど茹で、ざるに上げて水気を切る。

③仕上げる
・オクラを皿に盛り、たれをかけ回す。

酒徒のひと言　オクラは中国では比較的新顔の野菜だが、この料理は大当たり。確実に中国のオクラファンを増やしていることだろう。にんにくは香りを出せばよく、カリカリに焦がすのは NG。

67

白灼魷魚（広東式・イカの丸茹で）

これぞ原汁原味（素材本来の味）！広東らしさ全開のイカ料理

サッと茹でたイカに薬味をバサッとのせて、熱々の油をジュワーッ！　醤油だれをかければイカの旨さが一気に膨らみ、この手があったかと膝を打ちたくなる美味しさ。

用料（材料）

- スルメイカ…2杯
- 白ねぎ
  …1本（緑と白の部分に分ける）
- 生姜…1片

［たれ］
- 醤油…大さじ1
- 砂糖…小さじ2～3
- 水…大さじ1
- 油…大さじ2
- 生姜…2片

做法（手順）

① 下準備をする
- 白ねぎ（白の部分）と生姜2片は、千切りにする。
- 醤油・砂糖・水をよく混ぜ、たれを作る。

② 茹でる
- イカは足をワタごと引き抜き、胴は軟骨を除いて内側をよく洗い、足はワタを切り落としてくちばしを除く。
- 鍋にたっぷりの湯を沸かし、イカと白ねぎ（緑の部分）と生姜1片を入れて30秒茹で、ざるに上げて水気を切る。

③ 仕上げる
- イカの胴を輪切りにして皿に盛り、足を添え、千切りの白ねぎ・生姜をのせる。
- 小鍋で油を煙が出るまで熱して全体にかけ回し、たれをかける。

酒徒のひと言
広東料理定番の「白灼」の技法は、海鮮にも使われる。素材重視の調理法なので、鮮度の良いイカが手に入る日本はこの料理に打ってつけ。茹でてたれをかけるだけなので、失敗知らずだ。

column 4

酒徒の調理器具

「酒徒的厨房（P18）」の調理器具を簡単にご紹介。なくてもいいけど、あったら便利。中華料理を作ることに慣れてきたら、ご検討あれ。

①中華鍋（山田工業所の鉄打出木柄片手中華鍋33㎝）

・とにかく炒めやすい。鍋底が広いので、家庭用コンロの火力を最大限に活かせる。また、思い切って具を炒め合わせられる。鍋をあおる必要はなく、コンロの上に置きっ放しでOK。最大火力で煙が出るまで鍋を熱し、油をよく馴染ませてから炒めることで、十分な熱を得られる。

・炒めものだけでなく、煮込み料理やスープ、揚げ物、蒸し物、なんでも作れる。その日の料理が鍋ひとつで終わるので、洗い物も減る。

②中華包丁（中国製）

・高い峰のおかげで、切った食材が反対側にこぼれてこない。幅広の腹を使って、小口切りやみじん切りにした食材をすくい取ることができる。

・包丁の重さを借りて切れるので、かぼちゃや冬瓜も楽々切れる。包丁の腹で食材を「叩く」こともできる。にんにくや生姜は叩きつぶしてからみじん切りにすると効率的。拍黄瓜（P70）でも大活躍だ。

③中華ヘラ・五徳・竹ささら

・中華鍋のお供たち。柄が長い中華ヘラを使えば、手元が熱くならない。五徳があると、鍋がグラつかない。竹ささらは、たわしやスポンジより鍋の汚れを落としやすい。

④中華鍋のふた、蒸し台、蒸し物用トング

・煮込み料理、蒸し料理のお供。蒸すときは、中華鍋で湯を沸かして蒸し台を置き、料理の皿をのせ、ふたをして蒸す。蒸し上がった皿はトングで両側からつかんで、ヒョイッ。

〈番外編／調味料〉

・本場の味を目指す人は、醤油と黒酢を中国のものに変えてみよう。それだけで味が変わる。

第五章

煮

煮る中華

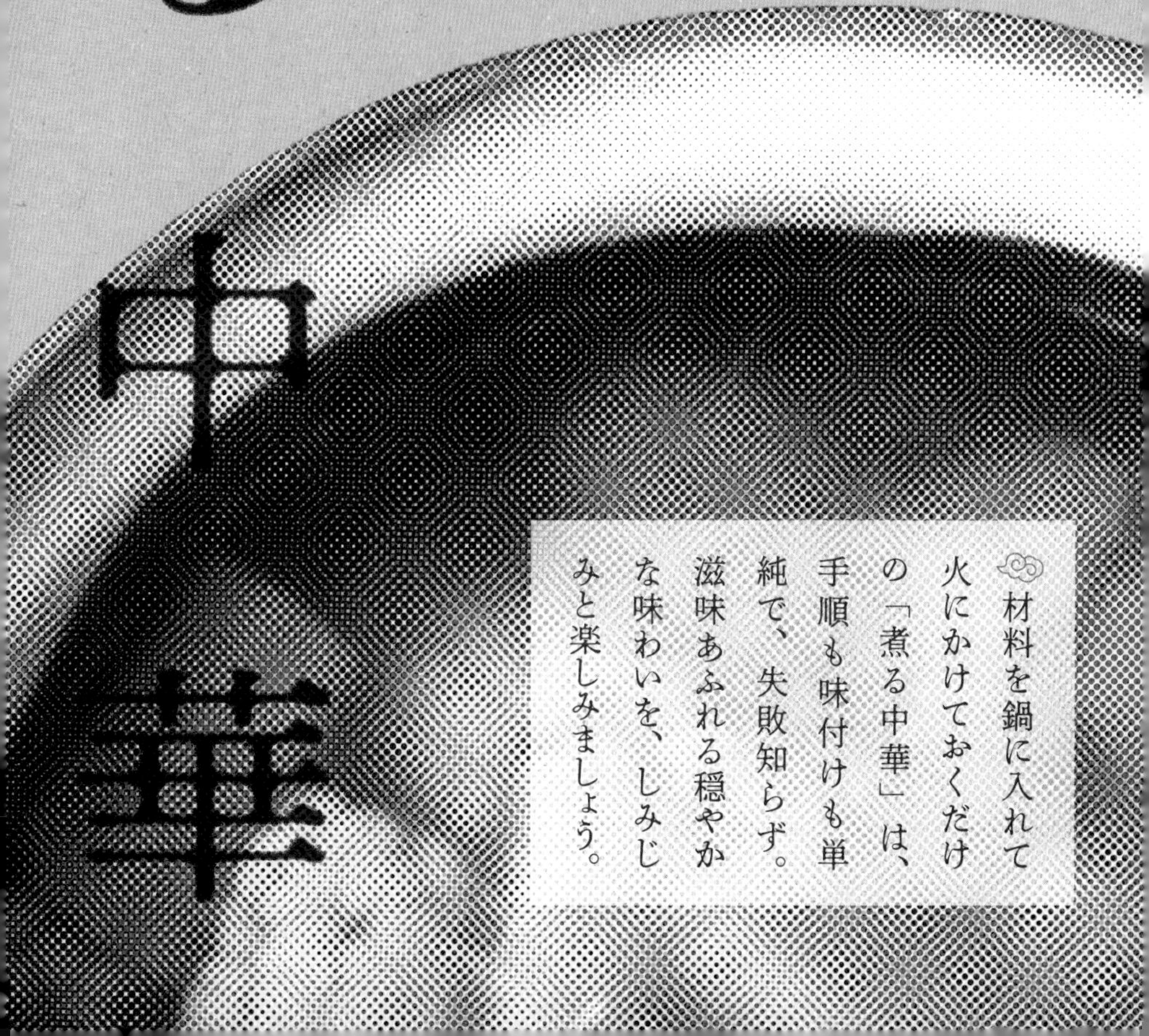

材料を鍋に入れて火にかけておくだけの「煮る中華」は、手順も味付けも単純で、失敗知らず。滋味あふれる穏やかな味わいを、しみじみと楽しみましょう。

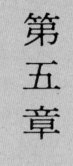

68

山薬蛋花湯（長芋のかき玉スープ）

煮

shānyào dànhuā tāng

冷えた身体をあたたかく包むとろふわ卵スープ

中華では定番のふわふわ卵のかき玉スープ。そこにとろとろの長芋を合わせると、何ともやさしい舌触りが生まれる。**長芋のとろみのおかげで保温力も高まるので、寒い日にぴったりの心温まるスープになる。**

白切鶏（P94）の茹で汁を使えば、お手軽で、仕上がりも最高。ただ、それがない場合の作り方も載せたので、普段から気軽に試してほしい。

あれこれ味付けしなくても、塩と胡麻油だけで鶏の旨味は十分に膨らむ。簡単なのに旨すぎて、作るたびに驚いているくらいだ。

穏やかな旨味を楽しもう。

用料（材料）

- 長芋…½本（約300g）
- にんじん…1本（150 ～ 200g）
- 卵…2個
- 小ねぎ…1～2本
- 生姜…1片
- 白切鶏（P94）の茹で汁（※）…1000ml
- 塩…適量（小さじ1～お好みで）
- 胡麻油…小さじ1
- 炒め油…大さじ1

做法（手順）

① 下準備をする

- 長芋は皮を剥いてポリ袋の中に入れ、包丁の腹で細かく叩き崩す。
- にんじんは乱切り、生姜は薄切り、小ねぎは小口切りにする。
- ボウルに卵を割りほぐし、塩少々（分量外）を入れてよく混ぜる。

② 炒める、煮る

- 深鍋に炒め油を中火で熱し、生姜を入れて香りを出したら、にんじんを加えて軽く炒める。
- 茹で汁を注いで強火にし、沸騰したら弱中火にして15分煮る。
- 長芋を加えてさらに3分煮て、塩で味を調える。

③ 仕上げる

- 菜箸でスープを同一方向に強くかき混ぜ、卵を菜箸に沿わせて細く流し入れる。
- 卵がふんわりしたら火を止めて、碗に盛る。
- 胡麻油をかけ回し、小ねぎを散らす。

※茹で汁がない場合

- ②で、生姜とともに鶏スペアリブ（もしくは鶏手羽先）２本を入れ、色が変わるまで炒めてからにんじんを入れる。さらに、茹で汁の代わりに同量の水を注ぐ。

温馨提示（アドバイス）

- **長芋を叩き崩す細かさはお好みで**

大きさがばらけていた方が食感のアクセントが生まれる。

- **長芋は、長々と煮込まない**

溶けてしまう。それはそれで美味しいが、長芋の食感も楽しみたい。

- **卵は、スープに渦をしっかり作ってから菜箸に沿わせて入れる**

穴あきお玉を使う方法も見たことがあるが、これで十分。洗い物も増えない。

もちろん、長芋の代わりに山芋や自然薯で作っても美味しいです！
OK！

酒徒のひと言　食材は地味だが、仕上がりは華やか。我が子いわく「このスープはとてもきれいだねえ。ねぎのみどりと、にんじんのあかと、おいものしろと、たまごのきいろにおさらのあおまであって、おいしそう！」とのこと。

69

西紅柿鶏蛋湯（トマトのかき玉スープ）

トマト×卵はスープでも最強！心に染み入る滋味深さ

トマトの赤、卵の黄、小ねぎの緑。夏らしい彩り鮮やかなスープだ。トマトの旨味が最小限の味付けでぶわりと膨らみ、雲のようなふわふわ卵とともに口の中に飛び込んでくる。

煮

xīhóngshì jīdàn tāng

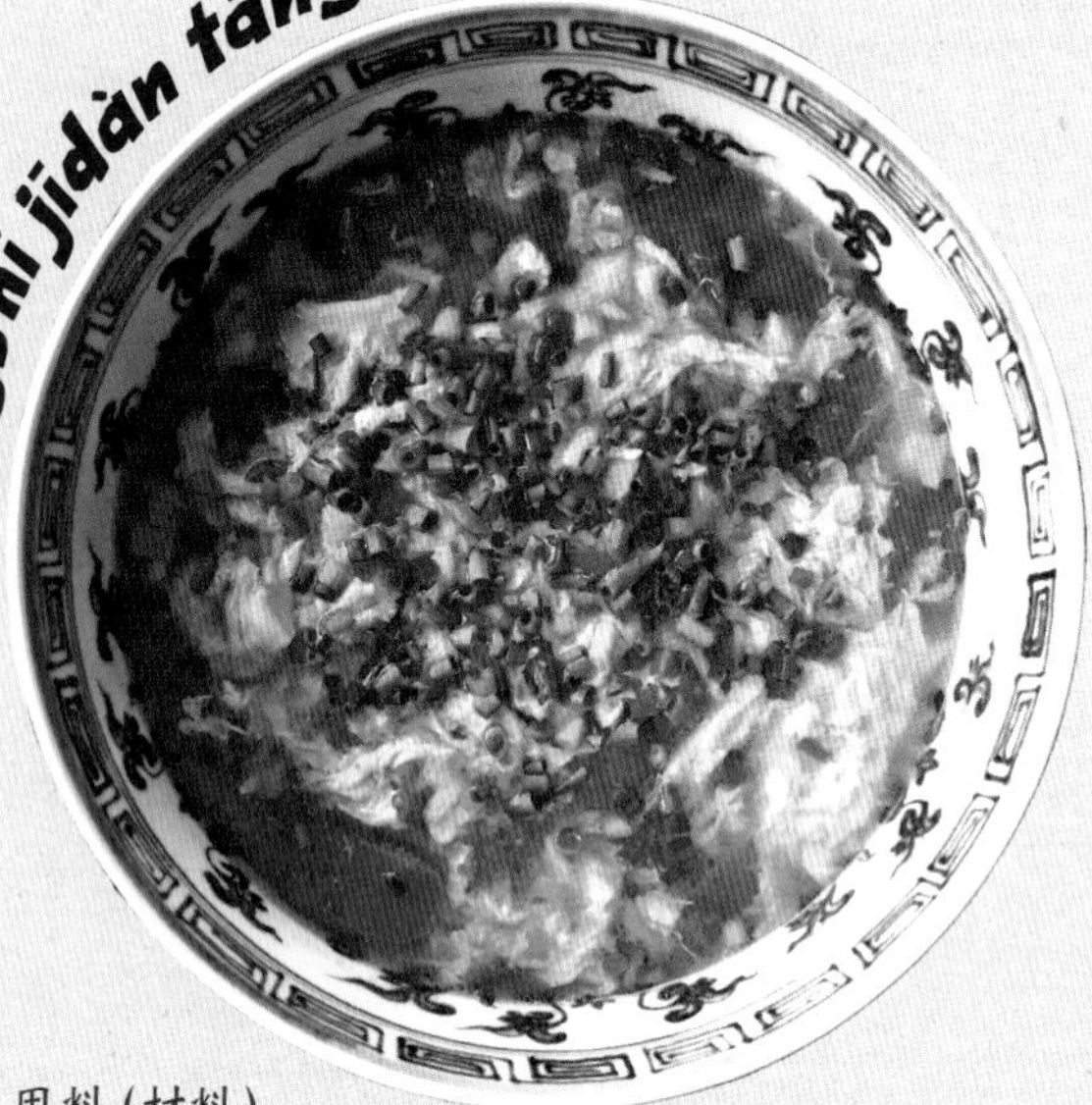

用料（材料）

- トマト…2〜3個
- 卵…2個
- 小ねぎ…1〜2本
- 生姜…1片
- 白切鶏（P94）の茹で汁（水でも可）…1000ml
- 塩…適量（小さじ1〜お好みで）
- 胡麻油…小さじ1
- 炒め油…大さじ1

做法（手順）

① 下準備をする

- トマトはくし切りに、生姜は薄切りに、小ねぎは小口切りにする。
- ボウルに卵を割りほぐし、塩少々（分量外）を入れてよく混ぜる。

② 炒める、煮る

- 深鍋に炒め油を中火で熱し、生姜を入れて香りを出したら、トマトを加えて角が崩れるまで炒める。
- 茹で汁を注いで強火にし、沸騰したら弱中火にして3分煮て、塩で味を調える。

③ 仕上げる

- 菜箸でスープを同一方向に強くかき混ぜ、卵を菜箸に沿わせて細く流し入れる。
- 卵がふんわりしたら火を止めて、碗に盛る。
- 胡麻油をかけ回し、小ねぎを散らす。

酒徒のひと言
鶏の茹で汁を使えれば最高だが、水で作っても十分に美味しい。トマトが持つ旨味はそれだけ豊かなのだ。唯一のコツは、卵をふんわり仕上げることだけ。ふわふわと卵が膨らんでいき、作っていて楽しいところでもある。

70

蝦皮冬瓜湯

（干し海老と冬瓜《とうがん》のスープ）

干し海老の旨味をスポンジのように吸った冬瓜が胃袋を癒す

xiāpí dōngguā tāng

わずか10分の煮込み時間で、干し海老の旨味豊かな本格スープができあがる。スープがたっぷり染み込んだ冬瓜のじゅわりした美味しさも、是非味わってみてほしい。

煮

用料（材料）

- 冬瓜…400 ～ 500g
- 干し海老…15 ～ 20g
- 小ねぎ…1～2本
- 生姜…1片
- 水…1000ml
- 塩…適量（小さじ1～お好みで）
- 胡椒…適量（お好みで）
- 胡麻油…小さじ1
- 炒め油…大さじ1

做法（手順）

① 下準備をする
- 冬瓜は皮を剥いて薄切りにする。
- 生姜は薄切りに、小ねぎは小口切りにする。

② 炒める
- 深鍋に炒め油・生姜・干し海老を入れて中火で熱し、香りが出てきたら冬瓜を炒め合わせる。

③ 煮る
- 冬瓜に油が回ったら分量の水を注ぎ、強火にしてふたをする。沸騰後も強火のまま、10分ほど煮込む。

④ 仕上げる
- 冬瓜が透明になり、スープが白濁したら、塩・胡椒で味を調える。
- 胡麻油をかけ回し、小ねぎを散らす。

酒徒のひと言

夏が旬なのに、冬まで保存できるから冬瓜。長く楽しめる食材だ。よく味を吸うので、スープ料理にはぴったり。このスープは、強火で煮込んで白濁させるのが美味しさの秘訣。

71

蝦米蘿蔔湯（干し海老と大根のスープ）

xiāmǐ luóbo tāng

冬の定番化決定！大根の甘味を手軽にしみじみと味わおう

またもや登場、安徽省のおばちゃん直伝のスープだ。

食材は、大根と干し海老と小ねぎだけ。作り方も呆気《あっけ》にとられるほど簡単なのに、おびただしい旨さ。SNSでアップしたらすぐに1万いいねがついた人気料理でもある。やはり簡単で美味しい料理は正義だよなあ。

淡くやさしい海老出汁のスープが、しみじみと身体に染み渡る。そのスープを吸って柔らかく煮えた大根の甘くて旨いこと。おうちご飯の良さを改めて感じさせてくれる。

大根は一年中出回っているとはいえ、冬の大根の甘さはやはり格別。寒い時期にこそ是非ともお試し頂きたい。

煮

用料（材料）

- 大根…約300g
- 干し海老…15 ～ 20g
- 小ねぎ…1～2本
- 生姜…1片
- 水…1000ml
- 塩…適量（小さじ1～お好みで）
- 胡麻油…小さじ1
- 炒め油…大さじ1

做法（手順）

① 下準備をする

- 大根は皮を剥いて薄い半月切りにする。
- 生姜は薄切りに、小ねぎは小口切りにする。

② 炒める

- 深鍋に炒め油・生姜・干し海老を入れて中火で熱し、香りが出てきたら大根を炒め合わせる。

③ 煮る

- 大根に油が回ったら分量の水を注ぎ、強火にしてふたをする。沸騰したら弱火にし、15 ～ 30分煮込む。

③ 仕上げる

- 大根が柔らかく煮えたら、塩で味を調える。
- 胡麻油をかけ回し、小ねぎを散らす。

温馨提示（アドバイス）

- **大根は薄く切る**
  大根を短時間で柔らかくし、味を染み込ませるため。
- **大根は柔らかくなるまで煮る**
  スープをしっかり吸い込んだ大根が美味しい。おばちゃんは30分煮込めと言っていたけど、大根が柔らかくなれば短くしても大丈夫。

普通の鍋でも作れますが、小さな土鍋で作ってそのまま卓上に運ぶと、ご馳走感が増します!
好吃!

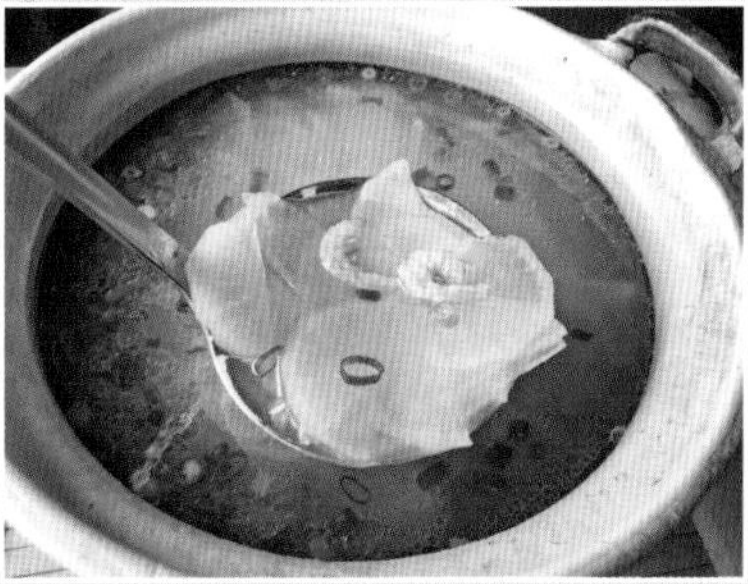
「はぁ……」とため息が出る美味しさです

酒徒のひと言　寒い日に作ると、やさしく温かな味わいにホッとする。おばちゃん、手軽で美味しい料理をたくさん教えてくれて、ありがとう。

72

干貝豆腐湯（干し貝柱と豆腐のスープ）

煮

旨味の塊の貝柱。柔らかな豆腐。色鮮やかな青菜。清らかなスープを口に含むと、やさしい香りと旨味が口の中一杯に広がり、身体に瑞々しさが満ちていく。

貝柱×豆腐×青菜
身体も喜ぶ優しいスープ

gānbèi dòufu tāng

用料（材料）

- 干し貝柱…約20g
- 豆腐（絹）…1丁
- 菜の花（※）…1束（約200g）
- 白ねぎ…5cm
- 生姜…1片
- 水…1000ml
- 塩…適量
  （ひとつまみ〜お好みで）
- 胡麻油…小さじ1
- 炒め油…大さじ1

※チンゲン菜や小松菜等でも可。

做法（手順）

① 下準備をする

- 干し貝柱は分量の水に一晩浸けて戻し、貝柱を取り出してほぐす。
- 菜の花は3〜4cm長のざく切りに、豆腐はひと口大の角切りにする。
- 白ねぎは斜め薄切りに、生姜は薄切りにする。

② 豆腐を煮る

- 鍋に炒め油を中火で熱し、白ねぎと生姜を入れて香りを出したら、貝柱と戻し汁を鍋に注ぎ入れ、強火にする。
- 沸騰したら豆腐を加え、中火にして豆腐が温まるまで煮る。

③ 仕上げる

- 菜の花を加えて軽く煮たら、塩で味を調える。
- スープを碗に盛り、胡麻油をかけ回す。

酒徒のひと言

帆立の貝柱の戻し汁で豆腐と好きな青菜を軽く煮るだけ。青菜は余熱でも火が通るので、30秒も煮れば十分。オススメは、ほろ苦さのある菜の花。貝柱に塩気があるので、塩を入れる前に味見をしよう。

73

胡蘿蔔玉米鶏湯（にんじんととうもろこしと鶏肉のスープ）

煮

華やかな彩りが食欲をそそる夏のご馳走スープ

húluóbo yùmǐ jītāng

鶏肉の旨味とにんじん・とうもろこしの甘味がやさしく溶け合う。全ての具をただ煮込むだけで、味付けも塩のみ。それでも旨いスープができることを広東生活で知った。

用料（材料）

- 骨付き鶏もも肉（ぶつ切り）…2本
- にんじん…2本
- とうもろこし…2本
- 白ねぎ（緑の部分）…1本分
- 生姜…1片
- 水…1000ml
- 塩…適量（小さじ1〜お好みで）

做法（手順）

① 下準備をする

- 鍋にたっぷりの水（分量外）と鶏肉を入れて強火にかけ、沸騰したら中火にしてアクを取る。数分茹でたらざるに上げ、流水でアクを洗い流す。
- にんじんは大きめのひと口大に、とうもろこしは食べやすい長さに切って縦半分に割る。

② 煮込む

- 土鍋に鶏肉・にんじん・とうもろこし・白ねぎ・生姜・分量の水を入れ、ふたをして強火にかける。沸騰したら弱中火にして30分ほど煮て、塩で味を調える。

酒徒のひと言　鶏肉を下茹ですることで、澄んだスープになる。具はどれも大きめに切った方が本場っぽい。ちなみに、煮込み時間を延ばすと、スープは濃厚になる一方、具の味は抜けていくので、そのあたりのバランスはお好みで。

74

砂鍋豆腐

（豆腐の土鍋煮込み）

煮

食べ進むほどに心に沁《し》みる
清冽《せいれつ》な引き算の料理

淡い干し海老の出汁で豆腐や春雨を煮込む。これが中華料理？　と思うほどあっさりした味わい。それでいて、不思議と満ち足りている。北京留学時代の思い出の味。

用料（材料）

- 豆腐（木綿）…1丁
- 春雨…50g（乾燥時）
- 白菜…葉3～4枚
- 椎茸…3～4個
- 干し海老…約15g
- 白ねぎ…5cm
- 生姜…1片
- 香菜…少々
- 水…800ml
- 塩…適量（小さじ1～お好みで）
- 胡椒…適量（たっぷり推奨）
- 胡麻油…大さじ1

做法（手順）

① 下準備をする

- 干し海老は50mlの水（分量外）に浸け、春雨は袋の指示通りに戻す。
- 椎茸は軸を取り、白菜はひと口大にちぎる。
- 白ねぎは斜め薄切り、生姜は薄切り、香菜はざく切りにする。
- 豆腐は1.5cm幅の薄切りにし、ひとつまみの塩を加えた湯で3分茹で、ざるに上げる。

② 土鍋に具を入れる

- 土鍋に白ねぎ・生姜・白菜・椎茸・豆腐・春雨を入れる。
- 干し海老を戻し汁ごと入れ、分量の水と塩を加える。

③ 煮る

- 土鍋にふたをして火にかけ、沸騰したら弱火にし、15分煮る。
- 胡椒をふり、胡麻油をかけ回して、香菜を盛る。

酒徒のひと言　豆腐は下茹ですることで水分が抜けて、プリンとした食感になる。冬の北京で出会った熱々の砂鍋豆腐は、寒さに震える留学生の身も心も温めてくれた。しっかりと胡椒を効かせるのが、本場の味だ。

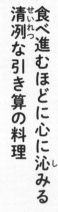

75 西洋菜滾牛肉湯（クレソンと牛肉のスープ）

xīyángcài gǔn niúròu tāng

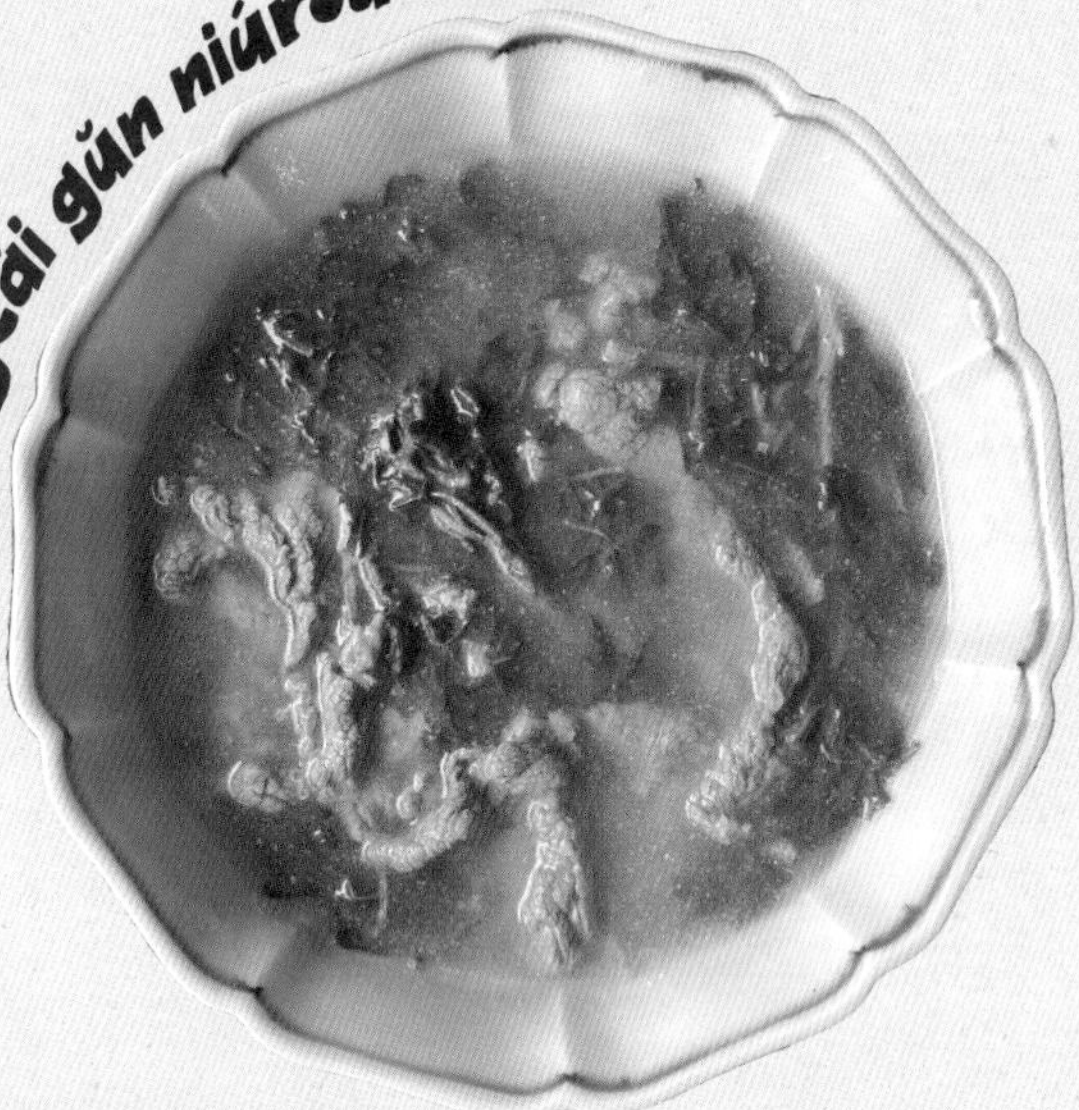

クレソンと牛肉　この組み合わせも中華スープになるんです

広東人は、クレソンをスープにしてたっぷり食べる。さっと煮た柔らかな牛肉を頬張ると、クレソンの香りとほろ苦さがからみ、とても爽やか。両者の相性の良さがよくわかる。

用料(材料)

- 牛肉（切り落とし）…150g
- クレソン…200g
- 水…1000ml

【下準備】
- 塩…ふたつまみ
- 紹興酒…小さじ2
- 片栗粉…大さじ1
- 油（理想はピーナッツ油）…小さじ2

【味付け】
- 塩
  …適量（小さじ1〜お好みで）
- 油（理想はピーナッツ油）
  …大さじ1

做法(手順)

① 下準備をする
- 牛肉は塩と紹興酒を揉み込み、さらに片栗粉・油の順で揉み込む。
- クレソンは食べやすい大きさに切る。

② クレソンを煮る
- 中華鍋に分量の水を入れて強火にかけ、沸騰したら油を注ぎ、クレソンを入れる。
- クレソンが柔らかくなったら塩を加え、さらに1分ほど煮る。

③ 牛肉を煮る
- 弱中火にして牛肉をほぐし入れ、火が通るまで軽く煮る。

酒徒のひと言

「滾」とは、煮えたぎる湯で短時間火を通す調理法。スープに中国一のこだわりを持ち、2時間煮込まなきゃただの水と主張する広東人だが、こうやって数分煮るだけのスープもあるのが面白い。

76

薄荷牛肉湯（ミントと牛肉のスープ）

煮

bòhe niúròu tāng

ミントが主役！予想外の組み合わせが生むご馳走鍋！

牛肉を煮込んだスープに、ミントをどっさり入れて食べる。「ミントを？　牛肉と？　大量に？　一体どんな味なの!?」。そういう驚きの声が聞こえてきそうな一品だ。

柔らかな牛肉。優しさに満ちたスープ。煮えばなのミントの爽やかな香りがたまらない。薬味ではなく、具としての見事な存在感。ミントの真の力を知る。

これが雲南式のたれでさらに化ける。具にからめるもよし、スープに溶くもよし。香りと刺激が洪水のように膨れ上がり、思わず鼻息が荒くなる。〆のライスヌードルも完璧だ。

調理は至って簡単で、1時間ほどかければ誰が作っても美味しくなる。この意表をつく美味しさを、是非とも味わってみてほしい。

用料(材料)

[スープ]
- 牛肉（スジ肉かバラ肉の塊）…500〜600g
- 生姜…小1個（約50g）
- 水…1200ml
- 塩…適量（小さじ1〜お好みで）

[具]
- ミント…どっさり
- ライスヌードル…適量（食べたいだけ）
- お好みの青菜やキノコ…適量（食べたいだけ）

[たれ]
- 醤油…大さじ3
- 黒酢…大さじ2
- 砂糖…小さじ1
- 水…50ml
- 香菜…1〜2株
- 白ねぎ…5cm
- にんにく…1片
- 生姜…1片
- 生唐辛子…適量
- 粉唐辛子…適量
- 白胡麻…少々

做法(手順)

① 牛肉を下茹でする
- 牛肉は大きめのひと口大に切る。
- 深鍋にたっぷりの水（分量外）と牛肉を入れて強火にかけ、沸騰したら中火にしてアクを取る。数分茹でたらざるに上げ、流水でアクを洗い流す。

② スープを作る
- 土鍋に牛肉と生姜を入れて分量の水を注ぎ、ふたをして強火にかける。
- 沸騰したら弱火にし、60分以上煮込んだら、塩で味を調える。

③ 具を用意する
- ミントは太い茎を除き、他の食材は食べやすく切る。
- ライスヌードルは食べたいタイミングで袋の指示通りに茹でる。

④ たれを作る
- 香菜・白ねぎ・にんにく・生姜・生唐辛子はみじん切りにし、ボウルに入れる。
- 醤油・黒酢・砂糖・水・粉唐辛子・白胡麻を加えて、よく混ぜる。

食べ方指南

① 土鍋をカセットこんろの中火にかける。
② まずはミントをしゃぶしゃぶして煮えばなを食べる。
③ 次に柔らかく煮えた牛肉をミントとともに味わう。
④ ミントと牛肉を大いに楽しんだら、他の具材も加える。
⑤ 〆のライスヌードルは土鍋に入れて温めてから食べる。

※たれは具にからめてもいいし、取り皿にとったスープに溶いてもいい。

温馨提示(アドバイス)

- **ミントはどっさり用意する**
何度も言うが、ミントは薬味ではなく具。
- **牛肉は大きめに切る**
煮込むと縮むし、小さすぎると味が抜けやすい。
- **たれはたっぷり作る**
旨すぎるので、想像以上に減るのだ。
- **スープは淡い塩味にとどめる**
薄いかな？くらいの味にするのが、たれを引き立てるコツ。
- **ミントは煮込み過ぎない(超重要)**
香りが飛んでしまう。さっと煮て食べよう。

スープと言いつつ、鍋のように〆まで楽しめます！　休日の贅沢にいかがでしょう？

酒徒のひと言　手前味噌ながら、自宅でこれほど幸福感を味わえる料理はなかなかないと思っている。それまで飾り程度の使い方しか知らなかったミントの様々な食べ方を知ったのは、雲南旅行の大きな収穫だった。

77

蓮藕排骨湯

（蓮根と豚スペアリブのスープ）

煮

**豪快さと滋味深さをあわせ持つ
秋冬のご馳走スープ**

liánǒu páigǔ tāng

豚スペアリブの豊かな旨味と蓮根の甘味が溶け合ったスープは、すするたびに身体に力がみなぎっていくようだ。柔らかな豚肉も、スープを吸った蓮根も、全てがご馳走。

用料（材料）

- 排骨（骨付き豚スペアリブ。ひと口大）…500g
- 蓮根…350g
- 生姜…1片
- 小ねぎ…1〜2本
- 水…1000㎖
- 塩…適量（小さじ1〜お好みで）

做法（手順）

① 下準備をする

- 鍋にたっぷりの水（分量外）と排骨を入れて強火にかけ、沸騰したら中火にしてアクを取る。数分茹でたらざるに上げ、流水でアクを洗い流す。
- 蓮根は乱切りにし、水に浸けておく。
- 小ねぎは小口切りにする。

② 煮込む

- 土鍋に分量の水と排骨と生姜を入れ、ふたをして強火にかける。沸騰したら弱中火にして30分煮込む。
- 蓮根を水から上げて土鍋に加え、さらに30分煮込む。

③ 仕上げる

- 塩で味を調え、小ねぎを全体に散らす。

酒徒のひと言　中国各地で親しまれているが、特に蓮根が特産の湖北省の名物料理とされている。湖北省の蓮根はねっとり感とホクホク感が共存していて、味が濃い。僕も中国在住時は、市場で泥付きのものを買い求めていた。

78

清燉全鶏

（丸鶏の薬膳スープ）

香り高く甘やかなスープと
ホロホロの鶏肉に喜びのため息

薬膳スープというと材料を揃えるのが大変だと思うかもしれないが、この清燉全鶏は極力材料を絞ったのでご安心あれ。丸鶏の入手が難しければ、骨付きもも肉で作っても旨い。

qingdùn quánji

用料（材料）

- 丸鶏…1羽
  （1kg前後のものが扱いやすい）
- 生姜…2片
- 水…鶏が浸る量
- 塩…適量（小さじ1～お好みで）

［乾物］全て流水で軽く洗う

- ナツメ…2～3個
- クコ…十数粒
- 干しキノコ（椎茸など）…適量

做法（手順）

① 下準備をする

- 鶏はぼんじり（尻尾）を切り落として腹の中を洗い、余計な脂や汚れを取る。
- 鍋にたっぷりの水（分量外）と鶏肉を入れて強火にかけ、沸騰したら中火にしてアクを取る。数分茹でたらざるに上げ、流水でアクを洗い流す。
- 鶏の腹の中に生姜・ナツメ・クコ・キノコを詰め、ようじで腹を閉じる。

② 丸鶏を煮込む

- 土鍋に鶏の腹を上にして入れ、分量の水を注ぎ、ふたをして強火にかける。
- 沸騰したら弱火にし、60分以上煮込む。
- スープの表面に浮いた鶏油が多い場合は取り除き、塩で味を調える。

酒徒のひと言　この料理に必要なのは、時間だけ。家でのんびりする休日にでも試してほしい。しっかりと塩を効かせると、ググっと旨味が伸びる。慣れたら好みの乾物を加えて、自由にアレンジしてみよう。

column 5

羅針盤は自分！
百人百様の家中華

日常的に中華料理を作り始めたころは、中国語の本やネットのレシピに振り回される日々だった。

そもそも中国のレシピはたいてい大雑把《おおざっぱ》で、メインの食材や調味料にすら分量がなく、「適量」とだけ書かれているものも多かった。せめて調味料の比率くらいあればいいのに、全て「適量」なのだ。人も同じで、例の安徽省のおばちゃんに分量を聞いたって、全部答えは「適量！」であった。

ただ、分量が書いてあればいいというわけでもなく、分量付きのレシピを参考にしても、自分が現地で感動した味とは別物になることもよくあった。単純に味付けが濃すぎるくらいならまだ良い方で、「この料理にこんな調味料入れないよなあ」とか「そもそもこの手順は変だ」と思うこともしばしばだった。

怪しい地図（レシピ）があふれる世界で家中華という大海原に乗り出すに当たり、羅針盤となったのは自分の経験だった。ひたすら食べ歩いたおかげで地図の真偽を見分ける眼が養われていたし、自分が目指すべき目的地（理想の味）が明確だったので、荒波の中でもぶれることなく航海を続けることができた。

この本のレシピは、ある意味、その長い航海で得た戦利品だ。僕自身の創作は加えず、日本向けのアレンジもせず、これまで中国各地で感動した本場の味の再現を目指したつもりだ。

とはいえ、これも僕の好みというフィルターを通した「本場の味」ではある。一度作ってみて何かアレンジしたいところがあったら、どんどんアレンジしてほしい。

家庭料理は、それぞれの家庭の好みが絶対正義。どの料理にも、家庭の数だけ異なる味があっていい。この本をきっかけにして、皆さんがそれぞれの好みに合った家中華を見つけて頂ければ幸いだ。

食材別インデックス

今日食べたい食材、好きな食材、冷蔵庫にある食材でレシピを選ぶときにご活用ください。

家中華美食地図（P6）では語り切れなかった中国各地の料理の魅力を改めてご紹介！　この１冊ではとても載せきれません（笑）。

北《ぺ》京《きん》市

初中国も初留学も初駐在も全て北京。我が心の故郷だ。中国の首都の料理なのに日本での知名度は低いが、素朴ながらも懐の深い味わいが魅力。多彩なモツ料理、少数民族由来の羊肉料理、小麦粉生地を焼いたり蒸したりする「餅」や水餃子といった粉もの料理。いずれも、たまらなく白酒を呼ぶ。もし僕が「今後ずっと中国のひとつの都市の料理しか食べてはいけない」と言われたら、迷わず北京を選ぶだろう。

上《しゃん》海《はい》市　江《こう》南《なん》地方

5年間暮らした上海。甘く、重い味付けの料理に最初は驚いたが、家庭での味付けはそれほど甘くないということを知ってからは、我が家の食卓の常連にもなった。料理の甘さに紹興酒の甘さを合わせる上海ならではのマリアージュもいいものだ。上海を含む江南地方は、野菜の種類が豊富なところも魅力。江南地方の各地で知ったシンプルな味付けの野菜料理は、家庭料理の強い味方。本書でもたくさん登場している。

広《かん》東《とん》省

広東の広州市では4年を過ごした。四つ足は机以外食べると言われる地域だけに、本当にいろいろなものを食べたなあ（遠い目）。どんな食材もきちんと美味に仕上げるところは、さすが「食在広州」。広東人が「他地域のスープは、ただの水」と誇るだけあって、長時間かけて作るスープ文化の奥深さにもうならされた。飲茶天国でもあり、週末ごとに茶楼で中国茶と点心を楽しんだ日々は、今思い返しても贅沢だった。

貴《き》州《しゅう》省

僕の人生を変えた貴州料理。その魅力は、多種多様な唐辛子の辛味と発酵の酸味の融合だ。複雑で奥深い味わいは、中国でも唯一無二!「こんな中華料理もあるのか」と驚き、全国を食べ歩くきっかけになった。

酒徒的味巡り

おかわり!

豪中華美食地図

新疆《しんきょう》ウイグル自治区

厳しい気候とイスラム教の制約のため、食材は限定的。しかし、そんな土地で育つ野菜は力強い旨味を蓄えており、トマトやピーマンや玉葱の味が驚くほど濃厚! 羊肉も、他地域とは一線を画す美味しさだった。

陝西《せんせい》省

超幅広のビャンビャン麺や、饃《モー》という硬いパンを細かくちぎってからスープを注いでもらう羊肉泡饃など、独特の粉食文化を持つ。饃をちぎりながら隣の客と話す時間が陝西人の社交手段だと聞き、世界は広いと思った。

四川《しせん》省

初旅行では麻辣の刺激に打ちのめされたが、今では笑顔で楽しめるように。ただ、決して麻辣一辺倒の料理ではなく、その奥に潜む酸味、甘味、苦味、香りなどがからみ合い、豊かな味わいを形成している。

湖南《こなん》省

僕が人生最大級の辛さに身震いした土地。生唐辛子・干し唐辛子・発酵唐辛子が織りなすバリエーション豊かな辛さを、こっくりした甘辛醤油味が支える。強烈濃厚な味わいで中国全土を席巻している人気料理だ。

雲南《うんなん》省

熱帯〜温帯の気候が育む大自然がもたらす食材の力強さに圧倒された。山々を走り回って育つ鶏や豚の美味しさに瞠目。十数種類の野生のキノコを煮込む火鍋は、天下のご馳走だ。僕にとっては、食の桃源郷。

広西《こうせい》チワン族自治区

水墨画のような山水と温暖な海を有する。お隣の広東料理の影響と少数民族の文化が融《と》け合った素朴で豪快な料理は、発酵食の香り・旨味・酸味と唐辛子の辛味に彩られ、食べれば食べるほどクセになる。

あとがき

街角の食堂で水餃子を食べ、その旨さに稲妻に打たれたかのような感動を覚えた大学一年生の北京旅行。どの店の品書きにも未知の料理がズラリと並んでいて、好奇心を激しく刺激された。毎食、日本では見たこともなかった中華料理が次々に登場し、その新鮮な美味しさに胃袋をグッとつかまれた。

「すごい。もっと知りたい。もっと食べてみたい」

思えばあの旅が、中華料理という果てしない大海原の存在を意識し、この海の果てを見てみたいと思ったきっかけだった。大学で中国史を専攻した僕にとって、それまで中国への興味は歴史に関するものだったのだが、料理が歴史に取って代わったのである。

中国で毎日中華料理を食べる生活を送ってみたい。その一心が度重なる中国旅行や語学留学へつながり、仕事も中国畑を選ぶまでになった。若者の初期衝動とは結構な熱量を持っているのだなあと我ながら思うが、そうさせるだけの魅力が本場の中華料理にはあったのだ。

あの旅から四半世紀が過ぎる間に、幸いにも中国で十年間生活する機会に恵まれた。しかも、北京・上海・広州の三都市で暮らしつつ、仕事や旅行で中国各地を飛び回っていたので、中華料理の多様性を肌で感じるには申し分ない生活を送ることができた。念ずれば通ずということかもしれない。

このように、中華料理への興味は僕の人生の主軸であった。だが、そんな僕でも中華料理のレシピ本を出す未来は全く予想していなかった。目玉焼きくらいしか作れなかった学生時代の僕が知ったら、目を丸くすることだろう。

日常的に中華料理を作り始めたのは、上海在住時に子供が生まれ、家での食事が増えたことがきっかけだ。外食ができないのなら、かつて中国各地で感動した味を自宅で再現しようと考えたのだ。自分の備忘録も兼ねてネットでレシピを公開していったところ、思いのほか多くの人にご覧いただけるようになり、今回の機会につながった。

僕が作っている料理は、中国の人ならわざわざ本にする必要もないと思うであろう、ありふれた家庭料理に過ぎない。だが、そういう料理が多くの人の興味を引いたのは、それだけ中国の家庭料理が日本ではまだ知られていないということだろう。

本書でも繰り返し触れたように、中国の家庭料理は、毎日でもたっぷり食べられる優しい滋味に満ちている。そして、難しい技術や珍しい調味料・食材を使わなくても手軽に作れる料理がたくさんある。「毎日料理にそれほど時間はかけられないけれど、美味しいものが食べたい」という現代的需要にも、ピタリとハマると思うのだ。中国の家庭で食べ継がれてきた料理を僕が紹介することで、皆さんの食卓に新たな彩りを加えられるのであれば、こんなに嬉しいことはない。

最後に、初めての出版を支えて下さった方々に、お礼を申し上げたい。有賀薫さん、稲田俊輔さん、ツレヅレハナコさん（五十音順）には、僕にはもったいない推薦文を頂戴し、感激している。カメラマンの鈴木泰介さん、漫画家のミツコさん、デザイナーの荻原佐織さんは、僕の料理だけでは生み出せない華やかさを本書に与えて下さった。また、初めての出版に躊躇《ちゅうちょ》する僕を力強い言葉と明確なコンセプトで説得し、ここまで導いて下さった編集者の松田祐子さんには、感謝の言葉もない。

そして、慣れない作業と怒涛《どとう》の締め切りに右往左往する僕を見守り、料理の味見やレシピの確認作業に付き合ってくれた連れと我が子にも、心からの感謝を。

中華料理という大海原での航海は、一生涯をかけても終わる兆しが見えないけれど、この海に乗り出して本当に良かったと思っている。

二〇二三年九月

酒徒　拝

酒徒（しゅと）
中華料理愛好家

初中国で本場の中華料理に魅入られてから四半世紀、中国各地の食べ歩きをライフワークとしている。北京・広州・上海に10年間駐在し、2019年帰国。本場で知った手軽に作れる本格中華料理レシピを紹介するnoteの「おうちで中華」マガジンは、発行部数1万部超。SNSに投稿する料理写真がちょくちょくバズり、dancyuの中華特集にも呼ばれるほど人気に。美味しいもの好き著名人が激推しの知る人ぞ知る「吃貨酒鬼（食いしん坊の飲んだくれ）」。

おうちで中華：https://note.com/chijintianxia/
𝕏 @shutozennin
Instagram @shuto_boozer

手軽　あっさり　毎日食べたい
あたらしい家中華

2023年10月19日　第1刷発行
2024年10月17日　第12刷発行

著者　酒徒
発行者　鉄尾周一
発行所　株式会社マガジンハウス
〒104-8003
東京都中央区銀座3-13-10
書籍編集部　☎ 03-3545-7030
受注センター　☎ 049-275-1811

印刷・製本　株式会社光邦
写真　鈴木泰介・酒徒
イラスト・漫画　ミツコ
ブックデザイン　荻原佐織（PASSAGE）

ISBN978-4-8387-3251-7 C0077